DILEMMA MANAGEMENT

A book to unlock the answers
to life's dilemmas

困局管理

王雪梅 著

图书在版编目（CIP）数据

困局管理 / 王雪梅著 . -- 北京：北京联合出版公司 , 2022.8

ISBN 978-7-5596-6066-4

Ⅰ.①困… Ⅱ.①王… Ⅲ.①自我管理－通俗读物 Ⅳ.① C912.1-49

中国版本图书馆 CIP 数据核字 (2022) 第 052109 号

困局管理

作　　者：王雪梅
出 品 人：赵红仕
选题统筹：邵　军
产品经理：张志元
责任编辑：徐　樟
封面设计：末末美书

北京联合出版公司出版
（北京市西城区德外大街 83 号楼 9 层　100088）
北京联合天畅文化传播公司发行
北京旺都印务有限公司印刷　新华书店经销
字数 180 千字　880 毫米 ×1230 毫米　1/32　8.5 印张
2022 年 8 月第 1 版　2022 年 8 月第 1 次印刷
ISBN 978-7-5596-6066-4
定价：49.80 元

未经许可，不得以任何方式复制或抄袭本书部分或全部内容
版权所有，侵权必究
本书若有质量问题，请与本公司图书销售中心联系调换。
电　话：（010）64258472-800

推荐序

能困住我们的，是我们的低认知

你具备突破困局的认知吗？

一个咨询者告诉我，她用一天时间做出了离职的决定，并提交了辞职申请。她离职的原因是一个下属不服从她的管束，她无法继续顺利工作下去。随后各级领导找她谈话，希望她留下来。她考虑后心动了，开始反思自己用一天时间决定离职是不是太过草率。

事后她告诉我，她冷静下来后，觉得外界的新机会似乎也不是很多。于是她决定留下来。但是，她又觉得此时留下来很尴尬。

就这样，她陷入辞职和留职的困局里，也就是本书中说的"选择困局"。

困局管理

在生活和工作中，如何选择似乎是我们经常会遇到的困局。因为在两个或两个以上的选择中，不论选择哪一个，我们都会有遗憾，总是觉得自己的这个选择没有另一个好，但如果选择了另一个，又会觉得第一个好。这种患得患失的纠结会一直伴随着我们。日后的生活稍有不如意，就会后悔自己当初的选择。

古人云，鱼和熊掌不能兼得。的确，面对"鱼"和"熊掌"，一般人确实难以做出选择，很容易陷入"选择困局"。但是，即便再难，这个困局依然需要我们去突破。这种突破不是患得患失的猜想，而是用"爱我"来破解。

例如，我上面讲的在辞职和留职之间徘徊的那个朋友。我告诉她，把你辞职和留职的理由分别写下来对比，你认为哪个理由能说服你，就选择哪个。

我还特意嘱咐她："一旦选择了你认为正确的，就要接受和直面这个选择给你带来的所有困难和挫折，并想办法解决。要让自己在解决问题中不断成长。在这个过程中你会发现，你的选择是正确的。"

她后来留在了原公司，工作也做得很顺利，再没有向我抱怨过工作中的事情。

其实，每个人一生中会面临很多困局，每一个困局像一团乱麻一样紧紧缠绕着我们的四肢，让我们动弹不得。然而，想要成长，就必须从自我入手破局，敢于解开束缚自己双手、双脚的"镣铐"，让自己在困境中突围。当我们一次次破局而出时，我们才能变得更强大。

我们都知道，改变别人很难，改变自己是难上加难。因为改变自己需要从思维、习惯和行动等方面入手，有时候需要我们"脱胎换骨"。所以，有人说，战胜别人的人，是有力量的勇士；战胜自己的人，才是真正的强者。

伏尔泰说，人生之路布满了荆棘，我们唯一的办法就是从那些荆棘上迅速跨过去。面对生活中的困局，与其抱怨，不如改变；与其逃避，不如直面。当我们改变自己、直面困局时，困局就会成为我们成长的契机。而突破自我困局，需要我们深刻地认识困局产生的根本诱因是什么。查明诱因，才能对症下药解决问题。

为什么我们知道很多道理，却依然过不好这一生？这是因为，大家都在告诉我们，我们随时会遇到各种各样的问题,却没人告诉我们,如何解决这些问题。

请相信本书中说的一句话:任何问题都没有绝对正确的答案,但每个问题都有解决的方法。

打破自己的困局,不是鲁莽的横冲直撞,而是要在获得基本的认知后进行自我解惑和自我突破。当我研读本书时,很快被作者精炼简洁的文笔、通俗易懂的案例、独特实用的观点所吸引。本书堪称"授人以渔"的好书。

在本书中,作者针对我们常见的困局,总结了五个方面的内容,深刻剖析了这些困局是基于什么形式和理由而存在的,又在文中穿插案例和分析,告诉我们该如何去应对。

书中提到的"思维困局",就有很好的借鉴意义。日常生活中,我们常常会陷入思维误区,仅仅依靠自己的臆想,就对一件事做出判断与选择。可自己的理解只是自己认知范围内的假设,并非事物的全貌和真相。所谓自我理解,也有可能是社会观念加诸自身的压力而造成的结果。

例如,成功就一定要赚很多钱吗?没有钱就不能被定义为成功吗?这是再显而易见不过的误区了。当我们陷入里面的时候，究竟该如何去定义成功，该如何走上一条成功之路，就成了一件并不那么容易的事情。但是，如果我们换一个思路，那么之前挡在我们面前的诸多障碍，就会立刻不见了踪影。

"选择困局"和"行动困局"也是一样的道理。例如，我们为什么选择了就后悔？是没有思考清楚吗？或许是，或许不是。因为做出选择之后，现实条件就已经发生了变化。后悔不代表选择错误，只代表当下的情况有转变。我们为什么行动了却无效？是因为发出的行动指令本身就错了，还是行动的过程出现了不可抗因素？我们之所以失败，不是因为无力解决这些问题，而是放弃了。依然是那句话，我们要找到问题所在，而不是被困局吓倒，让它主宰我们的人生。

人的恐惧大多来源于无知。突破自我，不仅需要勇气，更需要有清醒的认知。所以，能困住我们的其实是我们的低认知。

我相信通过阅读本书，我们能够对自身所遭遇的困局有一个全面而深刻的认识。当我们的认知达到了一定的高度，就能一步步做好自身的困局管理，让生活中的每一次挫折都协助我们逆转人生，改变命运！

董超

十年海外及世界 500 强集团公司信息化领域人力资源管理工作经验。

今日头条签约作者、GHR 环球人力资源智库签约作者、三茅人力资源网认证专栏作家、拉勾网特聘讲师。

目 录

第一部分　思维困局

不识生活真面目，只缘身陷困局中

01　别人觉得很好解决的问题，为什么成为我们的困局 / 002

02　付出是不是一定要有回报 / 013

03　为什么恶人有时候得不到报应 / 022

04　"穷人家的孩子"就一定难以出人头地吗 / 034

05　成功一定要赚很多钱吗 / 044

06　我们一生只做了一件事，为什么依然没做好 / 053

07　身边那些不起眼的人，为什么能突然爆发 / 065

第二部分　选择困局

我们若不破局，哪种选择都是错误的

01　为什么我们选的都不是我们想要的 / 074

02 走出选什么都后悔的困局 / 082

03 如何在鱼翅和熊掌之间做取舍 / 089

04 选择是寻找自我的过程 / 095

05 突破"必须正确选择"的局 / 105

第三部分　**行动困局**
　　　　　束缚你手脚的是臆想，敢于跳出"空想"的框

01 为什么宁可说一万次，也不真正去做一次 / 116

02 先行后思，以行为主 / 126

03 "穷得很稳定"时，"瞎折腾"更有意义 / 134

04 选择"躺平"，是为了以后能"躺赢" / 143

05 在低谷时突围，拒绝努力的"通货膨胀" / 153

06 "第一个吃螃蟹的人"，是如何行动的 / 162

第四部分　**社交困局**
　　　　　天可度地可量，人心其实也可防

01 与人交往，你究竟害怕什么 / 170

02 初次见面，警惕那些跟你熟得太快的人 / 179

03 拒绝不需要理由，但需要你的底线 / 189

04 注意你的言行，就没有"背叛"你的朋友 / 199

05 你可以过得好，但不必让所有人知道 / 207

第五部分 情感困局
自古深情留不住，别让"套路"困住你

01 为什么感情中"受伤"的总是你 / 216

02 好男人为什么无好妻 / 224

03 "渣男"的魅力在哪里 / 233

04 失恋后为什么走不出去 / 242

05 没有力量改变对方时，就改变自己 / 253

第一部分

思维困局

不识生活真面目，只缘身陷困局中

01

别人觉得很好解决的问题，为什么成为我们的困局

在生活中，我们可能会经常遇到这样的情况：一件看起来很容易就能解决的事情，我们就是困在里面出不来，绞尽脑汁也找不到妥善解决的方法。

为什么会出现这样的情况呢？

答案显而易见，我们把自己困在自我设定的局里了。

前段时间，有个朋友向我诉苦，说离职快一年了，公司还欠他一万多块钱的工资没给，让我帮他支个招。

之前，他就因为这件事情找我诉过苦。2020年，他们公司受到疫情影响，连续4个月发不出工资，每个月只象征性地给员工一千多元钱作为生活费。他是上有老下有小外加还房贷的中年人，担负着养家糊口的责任。

他搭上以前的积蓄在公司坚持了七八个月，最后实在无力坚持了，才无奈地辞职，离开工作了近10年的公司。由于他是自动离职，再加上老板一再诉苦，他只拿到5000元工资，其余近3万元工资，老板答应每个月付一部分，半年内付清。

跟他一起离职的其他几个同事，都通过劳动仲裁在两个月内把所有的工资要回来了。

当时我很奇怪，就问他："你为什么不跟其他同事一起通过劳动仲裁要回工资？"

他颇为自信地说："我是公司的老员工，很多重点项目必须我经手才能成功运作。公司后期会让我帮忙，我断定老板不敢跟我撕破脸。"

我劝他还是先把工资要回来，这也不耽搁他后续帮公司完成项目。他执意不听，还说公司正在困难时期，他在公司待了近10年，是有感情的，不忍心那么做。

之后他还跟我说过，老板亲自打电话让他帮忙完成了几个项目，每完成一个项目，老板就付给他一些工资。

他乐在其中。用他的话讲，他是凭本事"混"职场，虽然已经离职，但仍然在原公司发挥着自我价值，这也让他感到很自豪。毕竟，虽然他离开了原公司，但原公司仍然有他的传说。这也是一件值得他炫耀的事情。

这次他跟我诉苦，说这几个月老板不再为工作的事情联系他了，自然也就不再给他结算其余的工资。他打电话过去问工资的事情，老板先是以公司有困难为借口往后推，后来就不再接他的电话了。

我觉得解决欠薪这种事情最好是快刀斩乱麻，于是就建议他找仲裁。他没有听从我的建议，而是说："现在公司还有好几个我之前发起的项目，公司离开我损失大着呢。"

听了他的话，我提醒他，还有一个月他跟原公司的劳动纠纷就过了劳动仲裁受理的期限。我说："你已经离职了，正常情况下，在你离职后一个月内，公司就应该给你结清工资。即便公司有困难，也得有一个结清工资的期限吧？

你现在要的是工资,这与你负责的大项目及其他事情没有关系。我劝你不要再拖了。"

他执拗地说:"如果老板不给我工资,那些项目的后续工作,我就不会再配合他们。"

我无话可说,真不知道他怎么想的。他就这样困在"我有价值,前老板不敢得罪我"的莫名自信的局里,坚决不解决这个很容易就能解决的问题。

人们常说,当局者迷。其实,很多局都是我们自己给自己设定的,是自己画地为牢,并表示绝不出圈。就像电视剧《西游记》中"三打白骨精"那一集里,孙悟空要到很远的地方找食物,就在地上画了一个圈,让唐僧待在圈里不要出来。因为孙悟空对圈子施了法,唐僧可以走出来,妖怪却进不去,所以圈子能保护唐僧不被妖怪侵扰。

而我们为自己画的这个圈,也像是被自己施了法,我们怎么也走不出来。

十多年前,我的同学晓军初次创业,他决定创业是源自对一个客户的信任。

晓军是做技术的,当时他所在的公司开发了一个项目,他把评估的报价表给领导过目，没想到领导在他报价的基础上翻了一番，让他把报价表发给一个客户。

其实，晓军核算报价时，已经加上了公司花费的各种成本和利润。看到价格这么高，他担心客户不同意合作。领导却说，这个项目存在很大的风险，这种风险是不可控的。

"而且我问过其他同行的价格，都比我们的报价高。"领导说，"我们的产品质量和服务，对得起这个价格，你报吧。"

他怀着忐忑不安的心情把报价单发给客户。没想到，客户一口答应，并爽快地打来了预付金。

后期的合作并不愉快。确实如领导所说，这个项目的风险很大，客户因此要求解约，可客户已经付完了全部货款。按照合同约定，如果客户中止合作，要回全部货款，那么公司的损失会非常大。基于对晓军的信任，客户决定跟公司进行谈判，希望减少损失。

通过沟通，双方达成一个彼此还算满意的共识，客户也总算答应继续合作。但是客户走之前当着公司领导的面直言，只是信任晓军，对他的技术和服务满意，是看在晓军的面子上才继续合作的,言外之意透着对公司的不满,因为价格太高了。

几年后,公司转型做了其他行业,晓军决定自己创业。因为那个客户对他非常信任,多年来他们一直保持着联系,晓军也义务帮这个客户做过一些工作。

客户感恩晓军的帮助,欣赏他的才华,认为凭借他的专业能力和做事格局,可以成立公司单干了,并向晓军承诺:"你成立公司,我第一个跟你合作。"

晓军也认真地对客户说,基于信任,他们之间的合作不会以利益为主,只要能够收回成本就行。

晓军深信他跟客户已经是有着牢固信任关系的好朋友了,如果对方愿意合作,第一次会给出最低的价格和最好的技术服务,第二次再适当地收取一些费用。

晓军成立公司后,客户说到做到,第一个来公司祝贺,并且与他谈了合作的事宜。然而,当晓军把报价表发给客户时,客户却以"公司最近资金链断裂"为由拒绝合作。

那个报价,已经低到连晓军的技术服务费都没有算在内。为此,下属找他抗议了好几次,但他仍然坚持只收取

007

产品的成本价。在同行业内，可以说再没有比这个价格更低的了。晓军不明白客户为什么会拒绝。

直到有一次，他参加同行业举办的一场活动，在同一张餐桌上的几个老板闲聊时提到他这个客户的名字，都纷纷表示这个客户是个"不能合作的骗子"。

原来，这个客户找过他们合作，给出的价格正是晓军跟他第一次合作时报的价格。大家笑着评论这个客户：

"不明白他以前是怎么做生意的，还说有人主动拿出这个报价跟他合作，他这不是睁眼说瞎话吗？谁会那么傻，用这么低的价格和他合作。"

"他还真不像说假话的人，有可能是有人给他出过这个价格。人家或许是真想帮他，或许是想通过第一次合作建立信任感，为以后长期合作打基础。像他这么精明的人，估计就跟人家合作过一次。但即便是在几年前，这个价格也够低啦，他还好意思拿出来。所以，这就是人心，太贪了。这种人是不能惯的，越惯对方越没有下限。"

"我看他已经不是空手套白狼了，他这是白日做梦。"

……………

听完大家的议论，晓军才终于明白这个客户当年不跟他合作的原因："他以为我像他一样给出的价格是虚高的，把我报的低价当作商人合作前给出的虚高价格，以为还有下降的空间。"

此时，晓军才发现，自己完全陷入自我编织的一个"信任"的局中。在这个局里，他把对客户的信任强加给客户，以为客户也会如此信任他。他靠着自己的想象，完全"拔高"了彼此之间的信任。

困在这个局里的晓军，就像我的那个讨薪的朋友一样。只不过，我的朋友困在了"莫名自信"的"自我价值"的局里，感觉前老板的公司离了他就不能生存；而晓军困在了"信任关系"的局里，坚持认为他跟客户的互信度相契合，只要他给出对得起自己良心的最低价格，客户就会跟他合作。

实际上，困在自我设定的局里的每一个人，早已经忘记了真正的问题是什么，用"自我感动"式的想象力，上演了一场在别人看起来很可笑的戏码。也就是说，用自己违背事实的错误想象，纵容了对方的贪婪。

所以，我们要想办法走出这些困局。可以从以下几个方面来做：

1. 客观地关注问题本身

任何问题，有表象，也有内涵。想要解决问题，应该先从表象开始。例如，我们饿了，但带的钱不多，那就根据自己带的钱买差不多的食物吃就可以了。而不是执意要吃一顿大餐，并想各种办法找别人借钱，或者后悔没多带些钱而生闷气。这样不但不能解决问题，还会徒增新的问题和烦恼。

2. 不要给问题附加主观因素

解决问题没有标准答案，但都有各自的解决方法。出现问题，就直接解决，而不是靠自己的主观思维和直觉去臆测。就像我那个讨薪的朋友，不去寻找要回工资的途径，而是想着跟工资无关的其他事情。更不要像晓军那样，猜测客户的问题，通过自己的想象美化他跟客户之间的信任度，这样只会导致自己永远找不到解决问题的正确方法。所以，解决问题要根据实际情况加以分析、推断，这才有助于找到解决问题的突破口和方法。

3. 了解自己，了解人性

每个问题的出现都跟人有关系，想要解决任何问题，都需要跟人打交道。这就要求我们平时在了解自己的基础上，还要多了解人性。人性中的共性是"贪"，这个"贪"别人有，我们也有。一定要谨记，为人处世，给自己设立一个不能让他人和自己逾越的底线，解决问题也是如此。

4. 遇到问题和困难，全力以赴

面对问题和困难，我们要全力以赴去克服。如果一遇到困难就退缩，那么，我们这一生注定什么事情都做不成。在遇到困难时，我们要做的是认真去思考，想办法去克服，然后勇敢地战胜困难。正如稻盛和夫所说，对付困难最有效的方法是坚持不懈。在困难面前，低头就意味着失败，甚至是永远的失败。只有抬起头昂首向前，才能够为自己开辟出一条康庄大道。

付出是不是一定要有回报

虽然付出不一定会有回报，但是在很多人的潜意识里，在做一件事之前，或多或少都抱有一些期待。例如，我们用心工作，表现自己，就是希望升职加薪，或者得到领导精神上的激励；我们倾己所有真心地去爱一个人，为对方付出一切，几乎忘记了自己，就是希望得到对方同等的爱和付出……虽然通常的结局是事与愿违。

当我们一次次错付忠心和爱心而无收获时，就由失望

困局管理

变成了斤斤计较，在做其他事情前，首先会想到做这些事情是否有回报。在做事过程中，一旦发现没有理想中的回报，就会随时放弃。

因为无法得到回报，就不愿意再付出，这就是我们付出后得到的一种回报。

其实，任何付出或多或少都会获得回报，只不过获得这种回报不是一蹴而就的，而是建立在我们长期坚持去做的基础上，而且在坚持的过程中，我们会不断地思考和提升自己。即使得不到结果，我们在这个过程中养成了思考或学习的习惯，这本身就是一种进步，也是一种收获。

我的同学阿强毕业后在一家报社实习。由于广告部缺人，领导就把他调去做业务。当时跟他一起进入报社的还有他的三位同学，他们都在编辑部学习版面设计、负责一个版面的画版工作等，从事一些跟专业相关的工作。唯有他做着跟专业几乎不沾边的工作，每天跟着带他的师傅见客户、拉业务。

那是个酷热的夏天，外面烧烤炉子般的炽热他能受得了，但是客户那张阴冷的脸和那些嘲讽的话像数九寒天的冰一样令人感到寒心、刺耳。那几个月里，他每天早上醒来后的第一件事，就是把头一天"悲惨"的遭遇在脑海中过一遍。有好多次，他都想着要不要辞职，因为这份工作不仅跟他学的专业不符，还要让他经受各种暴击。

唯一让他坚持下来的是带他的师傅。师傅业务能力强，幽默又风趣，每次他们在客户那里碰壁后，他都能用自嘲化解尴尬。

他记得师傅跟他说得最多的一句话是："做业务最能锻炼人，因为是跟各种各样的人打交道。把业务做好了，以后做任何工作都是小菜一碟。"

实习期将满的那几天，他还真搞定了一个大单。当时部门领导还特意带他们在外面吃大餐庆祝。领导和师傅劝他留下，他毫不犹豫地拒绝了。

在他看来，那个大单远远抵不上他这几个月所感受到的"耻辱"。这段经历将成为他一生中不堪回首的"噩梦"。

说来也奇怪，后来他再找工作都非常顺利。找到的第一份工作是在外企，试用期没到就提前转正了，能力提升也快，他还没有使出一半的能力就能胜任。现在自己创业，跟客户、员工沟通也非常顺畅。很多客户对他的印象是："你开口说话具有很强的感染力，我们觉得你值得信赖。"

这或许正是得益于他实习期间的那段"暗无天日"的经历吧。那时他在师傅的指导下，经常思考如何跟"苛刻、刁钻古怪、喜怒无常"的客户打交道，为此他还买了帮助自己提升沟通技巧的书。别人可能是看热闹，但他是既看门道还要跟着实践，同时在实践中根据实际情况不断调整自己的说话方式。这个过程锻炼了他随机应变的能力。

至今那些亲身实践过的说话技巧和做事方法他都了然于胸，随时都能拿出来用；进入外企前，他会习惯性地先从网上了解公司的历史和文化，查阅跟国外同事相处时的禁忌等相关资料。所以，进入外企后，他跟公司领导和同事的沟通非常顺畅。

这些能力是阿强间接收获的，虽然他没有成为优秀的推销员，但是坚持过程中学到的这些跟人打交道的能力和经验，却让他受益终生。

在职场打拼的人都知道这个道理，工作本身并不难做，难的是跟人打交道。因为难度再大的工作，通过加班或学习提升都能完成，但是跟同事相处就不那么简单了。

为什么付出都会有回报或收获？因为我们在付出过程中每一次解决问题，都会让我们的能力得到不同程度的提升，只不过这些回报都是无形的。

安丽和宁军都是我的大学同学，他们结婚后，宁军因为工作太忙不能照顾家庭，再加上孩子又小，"毕婚族"的安丽就在家专心照顾丈夫和孩子。随着孩子慢慢长大，安丽发现宁军对她不像以前那么关心了，常常无视她的付出，有时工作不顺心还在她身上发火。

受了委屈的安丽有些气愤，开始发起"反抗"。她的"反抗"就是改变自己的现状，不再面面俱到地照顾宁军，而且她还找了一份工作并投入精力去做。起初，她只是赌气，后来她渐渐地发现自己喜欢上了工作，她开始把对待宁军的那种热情转移到了工作上。当在工作中获得成就感后，她非但不再生宁军的气，反而能理解宁军为什么那么热爱工作了。

她发现，虽然工作让她又累又有压力，但她每月能获得让自己底气十足的薪水。如果做得好，还有奖金。

之后她跟丈夫的关系又恢复如初。没有了安丽的悉心照顾，宁军在失落一段时间后，也变得勤快起来，看到爱人忙，他也会自觉地分担家务活儿。

由此可见，不管是在工作中，还是在爱情或婚姻中，付出都会或多或少获得收获，只不过是一种间接的收获。前提条件是，如果在付出过程中发现不对劲，就要及时醒悟和做出改变。所以，在付出过程中，不能仅仅闷头向前，还要根据自身的情况做出改变：如果想继续付出，就找出继续付出的理由；如果不想继续付出，就想办法转移到我们认为正确的方向。

付出就有回报，这也符合"蘑菇定律"。蘑菇生长在阴暗潮湿的角落，没有阳光、肥料，无人问津，只能自生自灭。只有当它们长得足够高、足够壮的时候，才能被人关注，享受到阳光和雨露。

很多人把蘑菇的这个生长过程比喻成年轻人刚步入职场的状态。因为年轻人初入职场就像一张白纸，所以要经历一段不被人关注的日子。在这段日子里，我们心平气和地默默努力，用心做每一件事，这样的状态同样是一种成长。

每个人做任何事情，都有过第一次。在没有经验和能力的情况下，要沉淀心态，脚踏实地地走好每一步。

任何形式的收获都不是巧合，而是通过每天努力与坚持得来的。不怕每天只迈出一小步，就怕停滞不前；不怕每天只做一点事，就怕无所事事。我们在付出过程中要做到多学习、多思考，不断地调整自己努力的方向，这样才会让自己的付出得到不同程度的收获。

具体来说，我们可以从以下几个方面着手做出改变：

1. 不忘初心

做任何事情，都不要忘记我们做这件事的初心是什么，不要被短期的利益和诱惑左右。例如，我们喜欢某个行业，或者看好某个行业的前景，就出去找一份相关的工作踏踏实实地干，甚至只要能给工资就行。不要干着干着就嫌弃工资太低了，觉得同事的工资比我们高而心有不甘。这些想法只会让我们忘了自己的目标，不能安心工作。此时，我们要想办法提升自己的专业技能和工作能力，多为公司创造价值，同时慢慢积累自己的资本。要知道，不是没有回报，而是时候未到。

2. 既然选择了，就要敢于面对现实

无论我们做什么事情，都要排除那些不切实际的幻想，要脚踏实地。出现问题时，要敢于面对现实并且寻找解决的方法，即便最终没做好。我们在做事过程中为了解决问题而不断地寻找方法的经历，也会让我们受益终生。

3. 做事要重结果，更要重过程

谋事在人，成事在天。这句古语告诉我们，做事情要尽心尽力、不留遗憾，至于这件事能否达到我们想要的结果，就要看我们的运气了。在做一件事情前，如果过分注重结果，就会变得急功近利、急于求成，这样的心态会导致在做事情的过程中无法沉下心来，一遇到阻力就会逃避，或者担心做不好而失去信心并放弃。

古人说，欲速则不达。做任何事情，都有一个循序渐

进的过程，一步步去做、脚踏实地地把每个环节做到位，即使无法做到预想中那么完美，结果也不会太差。歌德说，一个真正有才能的人会在工作过程中感到快乐。当我们满怀激情、全身心地投入到做事的过程中时，也就离美好的结果不远了。

为什么恶人有时候得不到报应

有位朋友向我诉苦,说这个世道太不公平了,都说好人有好报,恶人会遭到报应,可为什么他周围的恶人都过得很滋润呢?

原来,他的一个客户欠他一笔钱五年都没有还。下面我们称该客户为"老赖"。每次我的这位朋友要账时,"老赖"先是哭穷,接着会许诺还钱的日期。但是到了该还钱的那天,"老赖"会故技重演,再承诺新的还款日子。五年中,"老赖"

赖账的套路没有多大变化。

他说，要不是这笔款数目很大，他都没有信心继续讨债了。

"如果他真没钱，我也能理解，主要是'老赖'是典型的'欠钱故意不还'。有一次我着急给员工发工资，手上确实没有钱了，就让他先还一小部分钱应急。由于钱不多，他也答应了。可是，到了那天，他却迟迟没有行动。我给他打电话，他也不接。后来打他公司的座机，他秘书才告诉我，他带着一家人去国外豪华假日游去了。而我让他还我的钱，只是他此次豪华假日游费用中极少的一部分。"

看着他愤怒的表情，我无言以对。他接着说，后来他才知道，"老赖"欠着所有合作者的钱，做生意等于"空手套白狼"。关键是，有的商人在赚到一笔钱后，会或多或少给合作者结一些款。这位"老赖"则是"一毛不拔的铁公鸡"，有了钱即使做其他投资，也不会还合作者一毛钱。而且这个"老赖"跟人合作，都做的是"一锤子买卖"。

按说不讲诚信的人，公司是做不大的，因为会得罪很多人，总会有失手的时候，毕竟恶人自有恶人磨。可是，这个"老赖"非但没有被人整治，反而又扩大了业务规模，公司的生意做得风生水起了。

"谁再给我讲恶人有恶报，好人有好报，我是不会信了。"朋友义愤填膺地向我赌咒发誓，"以后我也要自私一点儿。"

在生活中，有朋友这种经历的人有很多。同样，类似"无底线欠钱"的"老赖"的人也不少。

为什么恶人没有得到恶报？

我不想说什么"恶人有恶报，不是不报，时候未到"之类的话，而是针对恶人的特点客观地分析一下他们为什么非但没有得到恶报，反而活得很滋润。

我觉得最关键的是恶人做人做事的那套标准，在普通人看来是没有底线的。

每个人生存于世，在待人接物时，都会在心里给自己设定一套不成文的标准，这是大家在自己认知和能力范围内设定的，例如：

（1）做事要对得起自己的良心。

（2）再穷都不能偷、抢和欺骗他人。

（3）宁可自己背后流泪，也要在他人面前笑逐颜开。

（4）即使自己再苦再累再难，也不开口求人。

（5）利益受损时能忍就忍，忍无可忍时再用阿Q精神继续忍辱负重。

（6）被周围的人欺负以至于危及生命时被迫还手也只是出于自保，达到自保的目的后，仍然不会再主动伤害他人。

……………

以上这些都是大部分普通人为自己设定的一些做人做事的标准，即便从来不会当众说出来，在平时为人处世、待人接物时，也一直是按照这个标准做的。

那么，恶人做人做事的标准是什么呢？因为善良的人是相似的，而恶人却各有各的恶。在这里无法统一给出他们恶的标准，但有一点是共通的，就是任何恶，都是建立在别人的痛苦和利益之上。别人越痛苦，损失的利益越多，恶人得到的利益也就越多。

我再举一个简单的例子：

有一对姐妹,姐姐能说能干,妹妹能说会道。相比姐姐,妹妹深得父母喜欢。

从小到大,妹妹吃的用的都是最好的,父母送妹妹去当地最好的学校,托关系找到当地最好的工作,甚至连妹妹的陪嫁,也是房子和汽车。

早早就辍学的姐姐外出打工赚钱帮父母养家。结婚时父母也没有给她嫁妆,全靠她和爱人辛苦打拼才买了房子和汽车。慢慢地,父母老了,生病了,照顾父母的责任自然落到身为老大的姐姐身上。妹妹不闻不问,但是一旦有缺钱的时候,就去找父母要。在父母提前分遗产时,妹妹分得的遗产也最多。

当母亲住院需要花费一大笔钱时,住着父母另一套房子的妹妹对姐姐说:"你不是有两套房子吗?卖掉一套给妈妈治病。"

事实上,妹妹有三套房子:父母给了她一套作为陪嫁的小房子,现在住着的是父母的大房子,还有一套他们夫妻二人共同买的房子。姐姐提议,希望妹妹卖掉家里陪嫁给她的一套小房子给妈妈治病,妹妹却说:"那可不行,我还要靠它收租金呢。"

在妹妹的认知里，父母的财产都是她的，照顾生病的父母却只是姐姐的责任。她做人做事的标准就是：父母的都是我的，但我不能照顾父母，"啃"完父母再"啃"姐姐。在她看来，这些都是理所当然。

由于这套做人做事的标准深刻地印在她心里，她在平时待人接物的言行中也会很自然地表现出来。她没有觉得有任何不妥，一旦有人与她争夺时，她就会四处委屈地控诉这些人的"恶"。

由于姐姐的儿子即将结婚，所以她没有同意卖自己的房子。在万般无奈之时，姐姐只好借助亲戚们的力量让妹妹把一套小房子卖掉给父母治病。姐姐还要求妹妹和自己轮流照顾父母，如果没有时间，就要求她出钱为父母雇保姆。如果妹妹拒绝照顾，就把父母的大房子归还，并且父母百年后的遗产也不让她继承。

妹妹在亲戚们的见证下，哭哭啼啼地答应照顾父母，但从此跟姐姐如同仇人，老死不相往来，逢人便讲姐姐的坏话。

因为恶人做人做事的标准异于常人，他们丝毫不认为自己做人做事有问题，并且会没有底线地按这个标准去做。

直到有一天，他们遇到更"恶"或者比他们聪明的人时，他们的"嚣张气焰"才会收敛。这就是人们常说的"恶人还需恶人治"——让他们"恶有恶报"。

我们再回到开头说的那个"老赖"客户。为什么非但没有遭到"恶报"，公司还能风生水起呢？

这个朋友后来联合其他被欠钱的人，向有关部门举报，并轮流上门讨债。"老赖"实在躲不过，因为太影响做生意了，也影响员工工作的积极性，只能一点点地还钱，每次还钱时都发话"威胁"他们："等没钱了，大不了公司破产，到时候谁的钱也还不了。"

朋友跟其他讨债人也不敢催得太紧，毕竟"老赖"破产，他们的钱更难要回来了。或许这也是恶人之所以能"为所欲为"的原因吧。

后来事情有了反转，是因为"老赖"遇到了一个高明的"对手"，当时"老赖"说好了货到时先给对方结一半的货款，半年内全部付清。但是，当人家大老远把货物送来时,"老赖"以"现在没钱,过几天再给"为由,拒不付合同中约定该付的那一半货款,故意装出一副"不行你拉走"的无所谓态度。在"老赖"看来,这么远的路程,对方会像他以往那些担心受到损失乖乖就范的其他客户那样,把货留下,然后灰溜溜离开,这样他就又能成功地赖掉一笔货款。

没想到对方不按"老赖"设想好的"套路"出牌,不但把货拉走了,还根据双方签订的合同条款起诉"老赖",要求他赔偿违约金、来回的运费,如果不给,就向法院申请强制执行,根本不给"老赖"赖账的机会。

"老赖"深知遇到了高手,也害怕了,积极打电话恳求对方撤诉,并承诺赔偿违约金及支付对方来回的路费,希望还能继续合作。因为"老赖"知道,如果按照违约来承担责任,带来的损失将比货物本身的价值还多,可谓是损失惨重。

对方却不再相信"老赖",提出重新签合同,货到付款,否则不撤诉。"老赖"无奈之下答应——照办。

朋友得知此事后,特意跟这个高明的同行取得联系并向他求教。对方对他说:"我在商场这么多年,什么人没见过。'老赖'无非就是以'没钱、破产、倒闭'为由要挟人。我从来不听这些'恐吓'的话,你欠我的货款就得还。你公司破产是你自己的事情,跟我有什么关系。不给货款有合同在,有法律治你。即便我倒贴钱,也得讨个公道,省得为这事消耗精力。"

朋友茅塞顿开。其实他之前也想到过起诉,就是怕麻烦,不想浪费时间和精力。

第二天,他来到"老赖"的公司讨账,并亮出底线:不给结账,法院见。

他下定了决心:宁可把钱给律师用来打官司,也要出一口气。

"老赖"当天就打来一部分钱,并答应两个月内付清。讨了五年账的朋友,居然在两个月内轻松要回了钱。这件事让他明白,治那些恶人,必须通过正当途径动真格的,不要被恶人耍无赖的行为所左右,更不要陷入恶人设的"鱼死网破"的局。既然他不怕"鱼死",我们就陪他"网破"。

恶人善于耍小聪明,在比他厉害的人面前,他会很忠诚。

他在跟人合作时，还会被比他强硬、正直、讲原则的人驯服，乖乖就擒。这些恶人有一个共同点：遇强则弱。在这一点上，我们反而要学习他们这种"留得青山在，不怕没柴烧"的精神。

在这个世界上，有很多恶人的恶行，往往是懦弱的人纵容出来的，不管是欠钱不还的"老赖"，还是那个"啃老"的妹妹，都是身边的人一再忍让、一再纵容，才为他们提供了作恶的土壤。

知道了这个道理，我们就不要再纠结"恶人为什么没有恶报"了。还是那句老话：不是不报，时候未到。终有一天，他们就把脚下的路走绝了，面对的就是深渊，相信只有在他们陷入绝境时才会有所醒悟。

既然做人做事的底线与标准要求我们不能用恶人的做法来惩治恶人，那就还要学会自我保护，这样才能在与恶人共事时少受损失，更不会一味地纵容恶人。

1. 设定底线

遇事先从自身突围。无论与什么人交往、共事，都要设定一个底线,一旦对方的言行触犯了我们的底线,就要勇于还击。不管对方说多少好话,都要谨记:不要再和对方有其他利益上的交集。

2. 有智有谋

对付狡猾的恶人,要在保证自己安全的前提下跟对方较量。新闻上有一个遭遇"杀猪盘"被骗钱的女孩,在被对方骗了几十万元后,她选择了报警。此后她一边等待警方破案,一边继续跟骗子"深聊",在完全取得骗子信任后,以"约会"为诱饵,把骗子"骗"进了警局。当然,达到这个水准的前提是要有智有谋,并且有足够的忍耐力,这样才会有足够的把握跟骗子斗智斗勇。

3. 及时止损

有些人伪装得很好,平时言行上会做得滴水不漏,让我们很难识破,只有在真正合作时才能露出本性,让我们受到损失。面对此类恶人,我们要做的就是合作一次后及时止损，尽量争取自己的权益，如果争取不到，也不要再跟对方继续纠缠了。因为我们永远想象不到对方"恶"起来造成的后果有多严重。与其浪费时间和精力，不如及时止损，腾出精力去做其他有意义的事情。

04

"穷人家的孩子"就一定难以出人头地吗

不知道从什么时候开始,社会上流行一种说法:穷三代以后还会穷四代。认为穷人的孩子再怎么努力奋斗,也很难出人头地。

这些话是人们综合了现实生活中实实在在存在的一些困难总结出来的,即穷人很难做成事。由于没有足够的经济实力作支撑,也没有更多的社会"资源"协助,仅仅靠自己打工赚钱来圆梦,似乎有点不太现实。

曾有一位文科状元在接受媒体采访时表示，他之所以学习成绩好，是因为他身处北京这座大城市，周围的环境氛围好，同时拥有得天独厚的教育"资源"，再加上父母有文化，观念先进，能很好地引导他，所以他取得好成绩会更容易一些。

相比之下，由于没有自身条件和外在"资源"加持，"穷人家的孩子"能填饱肚子就已经很好了，即使学业上能够获得资助，环境和家庭因素也足以拖垮他。如果他们想要通过学习改变命运，就要加倍努力付出。

按经济学所说，社会上的"资源"就像一块大蛋糕，蛋糕是有限的，分给的人却有无限多。而想分得这个蛋糕的人，必须有实力。这里所说的实力，是指人脉、智力等。这些有实力的人则根据自身实力的强弱，来决定自己能得到多大的蛋糕。

当有实力的人越来越多时，这块有限的蛋糕就会剩得越来越少。这时留给普通人的蛋糕就更加少，也可能还分不到。分得蛋糕多的人，等于是拿到了社会上更多的"资源"，他们无论是开公司还是干事业，或者做其他事情，就如有"神助"。

这种情况就像"马太效应"。拥有"资源"越多的人，其赚钱能力就越强。就像滚雪球一样，他们得到的财富也越多。没有"资源"的人，做什么都难上加难，成功的概率就很小，甚至无法成功。

"穷人家的孩子，很难出人头地"这个结论把穷了N代的我们推进一个困局。我们觉得自己和家人没有多少"资源"，即使再努力也是徒劳。这就导致我们进入一种思维怪圈，无论做什么事情，但凡遇到一点点困难或挫折，首先就会联想到自己没有"资源"，而不是去寻找解决困难的方法，更不去分析失败的真正原因。我们的潜意识里认为自己做什么都不顺利的原因是没有好"资源"，从而失去信心，变成负能量很重的人。

"穷人家的孩子"为什么不易出头？难道真的是因为没钱没有"资源"吗？事实并非如此。

曾经有一个孩子出身贫寒，几乎家徒四壁，父母从牙缝里省出钱来供他上学。他学习很用功，可还是在两次高考时落榜。就在他感到绝望想要放弃时，人穷志不穷的母亲不顾所有人的反对，借遍亲戚凑了学费，终于第三次把他送回学校继续复读，大有"他考不上大学就不罢休"的决心。

母亲强烈的鼓励和不罢休的决心给了他强大的力量。他咬紧牙关，开始疯狂地学习。他原本学习就很用功，之所以两次考试都落榜，是因为偏科严重，拉低了总成绩。第三次复读时，他拼了命地补弱势科目。终于在苦读一年后，他考入全国名校——北京大学。

一时之间，他在小小的山村引起了巨大的轰动。

进入大学后，他保持着苦读的习惯。毕业后，由于之前学习成绩优异，他留校执教。执教期间，为了贴补家用，能吃苦的他又在校外做家教，后来因为创办英语补习班而名声大噪。

他就是新东方的创始人和掌舵人俞敏洪。

俞敏洪是典型的通过苦读改变命运的"穷人家的孩子"。他能出人头地，虽然有时代造就的因素存在，但更离不开他本人多年的努力拼搏和苦苦坚持。正是那些看不到希望依然默默努力的日子里的坚守，为他日后的成功积攒了雄厚的实力。

除了俞敏洪外，还有一个"穷人家的孩子"也是通过自己的努力出人头地的，她就是我国女排国家队队长、世界冠军朱婷。她是名副其实的农家出身的穷苦孩子。

1994年出生的朱婷，上初中时因为家里太穷差点辍学。加上父母都是农民，根本没有运动竞技的经历，她小时候没有得到过家庭的熏陶和专门的训练。她能进入排球领域，完全是由于她的身高。

但是打排球并不是只有身高就可以的，还需要天赋及各种专业技能。这些技能，是那些出身于体育世家的孩子在几岁时就已经能通过接受专业的培训学习到。而朱婷却要在12岁时从零开始学，其中的艰苦，常人难以想象。

虽然家庭贫困，但父母的爱和坚持依然是朱婷坚强的后盾。为了省钱，父亲每隔一段时间就给她送家里做的窝窝头和咸菜，因为家在离市区几百里远的山里，父亲每次来要走很长的路。

见到朱婷，劳累的父亲说得最多的话，就是让她好好训练，希望她能够在体育方面有一番成就。

朱婷的爸爸曾说:"朱婷在体校期间很艰苦,家里供不上学费和生活费,别人家吃5毛钱的菜,她只能吃1毛钱的菜,一个星期就20块钱的生活费。相信练过体育的人都知道,如果营养跟不上,人训练起来就会特别难受。朱婷也曾经在训练过程中发生过抽筋的情况,她也差点因为生活困难想放弃排球。"

但是,不管在什么情况下,朱爸爸给予朱婷的都是强有力的支持。不管是在电话里,还是见面时的交流,他都会给朱婷鼓劲。有一次,朱婷迷茫地对他说:"爸,你光叫我坚持,人家睡在床上,而我睡地板。"她的言外之意是,她跟别人有如此大的差距,靠什么来坚持?

可是,家里实在拿不出钱,爸爸就劝她再坚持最后一个星期。正是这一个星期的坚持,朱婷走到了今天。我们可以想象朱婷的成长是多么艰辛,但她以超强的毅力坚持了下来。

在坚持的日子里,为了拉近跟其他学员的差距,并没有多少体育天赋的朱婷给自己制订了严格的练球计划,每天抓紧一切能用的时间坚持苦练排球,从不敢放松自己。

朱婷练排球的起点实在太低了,可以说,她在进入体校排球队之前,从未碰过排球。我们很难想象,一个排球巨星在自己幼年时期从来没有碰过排球的情况下,是如何靠着苦练来弥补欠缺的天赋的。

当时,其他小伙伴在训练时的状态是练一会儿歇一会儿,而朱婷不敢有半点儿偷懒的想法。她底子薄、基础差,一直都是严格按照教练的要求,不折不扣地完成训练任务。教练不叫停,朱婷就一直练下去,从不偷懒,更不会主动停下来休息。她累了就通过放慢练球的速度来"休息","休息"过后,再继续加大练球强度。

高压式地训练一周后,朱婷突破了自己,她能够连续颠100个球了!

为了能让自己的练球能力得到很大的提高,朱婷经常私自为自己增加训练的强度和时间。她说过,每一次比赛前的训练量不是一般的量,而是翻了很多倍,甚至达到了上亿次。他的目的是让自己的身体产生训练记忆,整个人能够快速达到最佳的状态。而她身上的伤痛也是因此慢慢累积而成的。

从小有着不服输性格的朱婷每次在赛场上都是咬牙忍着疼痛,也要把比赛完成得非常精彩。从朱婷真正练习排球、憧憬奥运会开始算起,她只用了8年时间就成为世界冠军。2015年女排世界杯上,中国女排时隔11年再获冠军,朱婷首次获得三大赛MVP称号。2016年8月21日,中国女排时隔12年再获奥运会冠军,朱婷加冕里约热内卢奥运会女排MVP与最佳主攻。朱婷就是靠着这种坚强的毅力,用8年的时间实现可能其他球员一生都无法触及的梦想。

"资源"对成功确实很重要,但如果一个人只拥有"资源",却没有敢于吃苦和拼搏的精神,那么他手握"资源"就是一种浪费。拥有"资源"的人的确比我们普通人更容易成功,但这并不是绝对的。普京说,运气是为白痴准备的。既然没有"资源"提供给我们,我们唯一的出路就是凭借自己的坚持和能力冲出没有"资源"的困局。

无论我们做什么事情,都要沉下心来用心去做,一步一个脚印地去做。终有一天,我们的潜能会得以爆发。即使不能爆发,也比不去做的人的生活好很多。

有人说,人才是一种"资源"。但是,每个人的潜能何尝不是一种"资源"？当我们手上没有可以成就我们的"资源"时，我们就可以通过自己的努力积淀实力，还要学会开发自己身上的"资源"。

不要让他人错误的思维影响我们的进步。作为"穷人家的孩子"，我们的思维通常会被限制住。要想突破自己，我们就要突破错误思维带来的困局；要想让自己更有出息，我们就要改变拖垮我们的思维。

这就要求我们做到以下几点：

1. 有自己的主见

在信息发达的互联网时代，各种声音都能通过不同平台发出来，这就导致我们可以听到很多不同的观点。由于价值观不同，这些观点中有的过于主观，甚至很偏激，有的即使"中庸"，也有其负面性。所以，面对不同的声音和观点，我们要始终坚持自己的定力和主见，不要人云亦云，随意跟风而改变自己。只有这样才不会被他人左右，安安静静、踏踏实实地做自己的事情。

2. 规划自己的人生目标

在提升自己的过程中,我们要知道自己的人生目标究竟是什么。把自己的人生规划好,想清楚自己每一个阶段的人生该如何走。在给自己确定明确的目标之后,就要认真地学习,扎实地做好每一件事情。

3. 必须有实际行动

很多人嘴上说着要努力学习,要在各个方面提升自己,但也仅仅是喊喊口号而已,不见任何实际行动,最后所有设想都变成了空想。这种"努力"没有用,也没有任何意义。想要提升自己,就要付出实际行动。具体该怎么做、怎样做更好,都要通过行动才能得到结果。

05

成功一定要赚很多钱吗

提到成功,大部分人会不由自主地跟"有很多钱"挂钩,想当然地认为,成功就是赚到很多钱,成功人士的标配就是有上亿的身家,有别墅和豪宅,有几辆名车等。总之就是名下有公司、有产业,有花不完的钱可供支配。

以上这些条件,几乎成为很多人对成功固有的认知,并且形成了难以突破的认知局限。

我表姐夫是普通的工薪一族,他跟表姐是高中同学。

当年之所以能追到还是校花的表姐，是因为他学习成绩好，为人诚恳，做事认真负责，人看上去踏实可靠。最重要的是，表姐喜欢他积极向上的性格。

他们从校园恋爱到喜结姻缘，一路走来非常顺利。这让表姐的一众追求者对他是既羡慕又嫉妒。婚后他们像很多普通人一样，从租房打工开始，到买房、供房贷、养育孩子，日子过得一直很好。

在旁人看来，他们的生活是幸福的。可是，一向积极乐观的表姐夫总觉得有些遗憾。他感觉愧对表姐，认为自己赚的钱太少，不够成功，配不上表姐。

每次看到表姐因兼顾工作、家庭，又忙又累时，他都要自责一番。尽管表姐一再说，自己对当下的生活很满意，孩子健康、懂事、听话，夫妻互相体谅、关心。表姐夫坚信表姐是为了安慰他才这样说的，在内心深处认为表姐是后悔跟他结婚。

表姐昔日的追求者现在大多都是成功人士。他们有的是资产上亿的上市公司老板，有的是行业内小有名气的专家、教授，有的定居国外，最差的也是体制内收入有保障的公务员。

"你表姐随便选一个人，都比跟着我好。"表姐夫私下里跟我这么说，"我有时候真想辞职去创业，赚很多钱，让你表姐不要再这么累了。"

看着郁郁寡欢的表姐夫，我不置可否，心里知道再怎么劝他，都无济于事。他牢牢地困在自己设的那个"赚钱少，表姐选他很后悔"的局里，任别人怎么拉，他都不出来。

实际上，表姐多次在我们这些亲戚面前说过，她此生做得最正确的选择，就是嫁给表姐夫。她认为表姐夫真的爱她，恋爱七年，结婚十年，表姐夫对她的爱就没有变过。别人所说的婚姻"七年之痒""十年之痛""婚外情""夫妻处成了兄弟、兄妹"等，在她们的婚姻中是不存在的。

"孩子聪明孝顺，性格好，这一点很像他。"表姐一脸自然流露出来的幸福，真的是藏不住。表姐也在她自己定义的幸福的局里开心地生活着。只可惜，困在"成功就是要有钱"局里的表姐夫，就是走不出来。

有一次我回老家，一向不爱说话的父亲向我打开了话匣子。他讲得最多的就是镇上的阿虎，言语间充满了夸赞之词。

父亲连声感叹："这个阿虎真不简单啊，看不出他是做大事的人，能沉住气，有眼光有格局。他这样的人，做什么事都能做好。"

前些年，我老家拆迁，镇上大部分人分了几套楼房外加六七位数的拆迁款，过了半辈子苦日子的老乡们，对这笔巨款给予了不同的支配。他们的生活也发生了不同的改变：有的家庭因这笔突如其来的钱而矛盾重重，为了多分一些钱，亲人之间大打出手，甚至老死不相往来，亲情几乎荡然无存；有的夫妻为了多分拆迁款而选择"假离婚"，相约日后再复婚，结果双双食言。男方拿着这笔钱另找了老婆，成立了新的家庭，女的拿着这笔钱留恋在麻将桌上；有的家庭购了豪车，把房子装修得像宫殿一样豪华，却说感觉不到幸福；也有一部分人把钱攒起来存到银行或购买基金……

只有阿虎，把大部分拆迁款捐给镇上的中学成立助学基金，用来帮助家庭有困难的学生。他之所以这么做，是因为他的上学梦没有实现，他不希望有学生因为贫穷而上不起学。

没想到"无心插柳柳成荫",因为他献爱心,学校为表感谢,把食堂承包给了他。他亲自掌勺,给学生们供应绿色健康的伙食。这等于是用拆迁款实现了他多年做老板兼厨师的另一个梦想。

阿虎自小父母就去世了,由年迈的奶奶抚养长大。16岁时,奶奶去世,他辍学在家。为了生计,他在饭店当过服务员,后来喜欢上了做菜,通过自学和实践成了一名出色的厨师。

因为家里穷,年过40的他还没有结婚。这次拆迁,大家都以为他会拿这笔钱娶年轻漂亮的媳妇。但大家没想到,他却把大部分钱捐出去了,气得那些打算给他做媒的人都不理他了。

大家一致怀疑,阿虎估计是个大傻子吧。

阿虎的食堂受到了学生的欢迎,学生称之为"虎叔叔的爱心食堂"。每年都有阿虎资助过的考上大学的学生来感谢他。随着"虎叔叔爱心食堂"名声越来越大,县政府给予他各种表彰,县里一些有钱人开始找阿虎谈合作,希望给他注入资金，在全县各个中学设立食堂，甚至在县里开办以阿虎命名的餐厅。

阿虎拒绝了，理由是：他的食堂他要亲自监督管理，但他就一个人，分身乏术。这件事后，大家觉得有钱不赚的阿虎真是"缺心眼"。

就是这么一个"缺心眼"的阿虎，在45岁时，做了一件更"缺心眼"的事情，他拒绝了追他的年轻女孩，和一个在他店里打工的外乡女人结婚了。据说，这个女人的丈夫前几年因病去世，留下两个未成年的孩子。阿虎不但要承担两个孩子上学的费用，还要把拆迁分到的一套房子腾出来，给这个女人的公婆住。

在一些人眼里，阿虎是傻到极点了，帮别人养孩子，还帮别人养父母。两年前，阿虎的儿子出生后，人们说阿虎的苦日子刚刚开始。再加上2020年疫情期间学校停课，阿虎一时间没有了收入。

正如"一千个人眼中有一千个哈姆雷特"一样，我父亲眼中的阿虎，却是真正成功的人。父亲说，阿虎是凭着良心做事业，他早晚会成功，而且他的成功更长久。

果然，由于镇中学教学质量好，吸引了很多学生来这里读书，从而引起县领导的重视。由于要扩招学生，学校只得扩建。新扩建的学校新增了食堂，但学校只相信阿虎。所以，阿虎不得不亲自招人、亲自培训管理人才。在学校领导支持下，就连学校的小型超市也由阿虎承包。

随着阿虎业务版块的增加，他每天忙得不亦乐乎。他妻子的公婆由于心情好，身体也好起来了，每天高高兴兴地到食堂义务做保洁工作。但人们却说，看吧，三个孩子两个老人，以后有他受苦的。

在我们周围，有很多像表姐夫或我老家镇上对阿虎抱有怀疑心理的老乡这类人，他们固执地认为自己想的、猜测的很对，待在自己设的困局里杞人忧天。

在电影《你好，李焕英》中，贾晓玲也固执地认为：年轻貌美的妈妈应该找一个家境优渥、自身条件好的爱人，这样生活才能幸福圆满；而妈妈嫁给贫穷又其貌不扬的爸爸就是不幸福。即便后来妈妈亲口对贾晓玲说，她对现在的生活很满意，她很幸福，贾晓玲依然认为是妈妈在骗她。由此可见，困在自我认知局里的人通常是听不进去真话的，他们会偏执地认为他们是对的。也许任何人都无法帮助他们走出来。在这种情况下，他们要想跳出自我困局，最有效的办法是改变自己的认知。可以试着从以下几个方面去做：

1. 增长见识

　　一个人要想搞清楚什么是真正的成功，就要增长自己的见识。一般来说，多读书不但能增长见识、丰富学识，更重要的是还能让我们跟古人、伟人进行精神上的交流，这有助于开阔我们的视野，提高我们的认知。除此以外，还可以去旅行。俗话说，胸中有天地，脚下才有力。只有亲自去践行，才能扩大自己的人生格局。多见识一些陌生国家的风土人情，经历一些从未经历的事情，我们会收获对生命的体验，这对我们未来的生活会产生深远的影响。

2. 参加自己感兴趣的活动

　　虽然每个人对成功的要求都不一样，但是，当我们参加一些自己感兴趣的活动时,我们会发现,我们不但有了成就感,还能够让自己或周围的人感到开心。这也是一种成功。

3. 在工作中积极进取

工作既是维持我们生计的方式,也是我们与时代联系的纽带。当我们努力做好工作,并且能够用所获得的报酬养家糊口时,我们会有一种成就感。诚然,在现代社会,金钱的确是一些人一生的追求,但是,真正意义上的成功,是通过自己双手劳动赚钱,让家人和自己过上幸福的生活。这样,在保障基本生计的基础上,我们会对自己有一种发自内心的自我认同感。

06

我们一生只做了一件事，为什么依然没做好

有位心理咨询师提出过一个有趣的观点：我们一生中大部分的精力应该放在一件事情上。把这一件事情做到极致，胜过我们把一万件事做得平庸。

但是，很多人发出疑问：真的是这样的吗？

有位朋友向我诉苦，他说因为疫情，他所在公司每个月给他们降薪 2000 元，导致家里的花销有点捉襟见肘。想要辞职，但一想到又要投简历找工作，跟一帮年轻人竞争

岗位，录用后还要熬试用期，就打消了这个念头。

他问我："古人说一生只做一件事容易成功，为什么我毕业后一直在同行业打工，还是没有做出成就呢？看来古人说的话也像自媒体写的毒鸡汤一样，并没有多少营养。"

这个朋友四十多岁了，大学一毕业就进入了跟专业相关的行业。刚开始几年，他认为工资待遇都比较好。事实的确如此，相比其他行业，他所在行业的工资福利算是很好了。但是，他的一些同行朋友为了提升自己，报了各种学习班，利用业余时间学习，为以后能有更好的发展铺路。

当时他对这个工作很满意，觉得反正将来也不打算转行，自己没必要学习，就乐得逍遥自在，每天下班了，就利用业余时间打网络游戏、看短视频消磨时间。

天有不测风云，2020年一场突如其来的疫情，让他从事的服务行业受到巨大影响。这时，他看到那些一直在学习提升的同事，有的跳槽到了其他公司去发展，有的干脆借机自己创业，日子都过得很滋润。

周围朋友、同事的改变，令他羡慕的同时产生了不满情绪。他逢人便说："谁说一生只做一件事能做好，我看会在一棵树上吊死。我要想办法转行，转到工资高的行业中去。"

　　类似他这样被困在局里的人，不仅仅在我们周围有很多，在网上也常常看到类似的例子。他们用自己的真实经历告诉我们：一生不要去做一件事，否则会"死得很难看"。甚至有人还举古代科举考试的例子，认为古代的科举考试录取率低，比我们现在的高考难了不知道多少倍。但是，很多读书人，无论是出身富贵，还是出身贫穷，他们改变自己和家族命运的唯一途径，就是在科举考试中考取功名。

　　古代的读书人就是抱着这样的目的，终其一生为考取功名而努力，即便是多次落榜，或者年纪渐长，也撼动不了他们参加科举考试的决心。

　　最广为人知的故事就是范进中举。范进人到中年才中举，因为情绪过于激动，一个好端端的读书人变得疯疯癫癫。这件事让我们在感叹科举制度害人的同时，也把这种"一生只做科举考试这一件事"的人称为不可效仿的反面教材。

　　可是，凡事都具有两面性，仔细分析那些一生只做一件事而做得很有成就的人，我们就会发现，他们不但是在做每一件事,而且是用心做并充满兴趣地做。

曾国藩说,天下事,必做于细;天下难事,必成于易。意思是,天下的大事都是从细小的地方一步步形成的;天下的难事,一定也是从很小、很容易做的事情发展而来的。从这层意思来看,一生只做一件事的意义在于做得精细、到位,也就是人们常说的"工匠精神"。

特别是,当我们面对一个大问题和大目标的时候,更要从小事开始做起。可以先将它分解成一个个小目标,因为小目标更容易实现,可以不断获得成就感,激励自己继续努力。正所谓,一屋不扫,何以扫天下?我们只有先完成一个个小目标,才能完成后面的大目标。

这就好比玩游戏,虽然通关难度很大,但是如果分解成若干个小步骤,一关一关地闯,每闯一关,我们就会获得一份成就感。愚公和子孙就是利用分解小目标的方式做移山这一件事的。他们先把"移走一座大山"这个大目标分解成若干个小步骤,即先"移走一个个小山头",一个一个地把小山头铲平,最后他们就完成了铲除一座大山的宏伟目标。

第一部分 思维困局
不识生活真面目,只缘身陷困局中

由此可见,一生只做一件事的成功率与做事的决心和方式有关。

2021年5月22日下午,袁隆平院士逝世。他的去世引发全球媒体争相报道,以纪念他为推进粮食安全、消除贫困、造福民生做出的杰出贡献!

袁隆平的一生,也是致力于做一件事,就是对杂交水稻的研究。为此,他多次在采访中说过,自己曾经梦到,在超级稻试验田里,水稻比红高粱还高,籽粒比花生还大,自己的科研团队可以在下面乘凉。

那么,为水稻研发事业奉献一生的袁老是如何坚定目标,决定一生只做"超级稻"这一件事的呢?

20世纪60年代,由于我国贫穷落后,人口又多,而且大部分人的生活水平处在没有解决温饱的阶段。

在那个特殊时期,袁隆平亲眼看到身边的乡亲们为了换些高产的种子,要到很远的地方去。尽管这样,他们辛苦种出的粮食仍然不能让全家人吃饱肚子,家人挨饿是常态。

袁隆平学的是农业专业,乡亲们的处境让他当时就立下了"让全中国人吃饱饭"的志向。为了实现这个志向，他从 1964 年开始对杂交水稻进行研究。

水稻原是雌雄同体，可以自花授粉，但产量很低。所谓杂交水稻，简单地说，就是通过将具有优良性状又能互补的两个水稻品种进行杂交，生产出满足需要的具有杂交优势的一种新杂合体。

一般情况下，杂交水稻的第一代有可能长出谷粒数量多、个头大的杂交水稻。如此一来，单位面积的水稻产量就提高了，会在产量上具有优势。然而，也并不是说所有的杂交水稻产量都高，很多杂交第一代的水稻产量高还停留在研究阶段。袁隆平就是在这个时候决定研究杂交水稻的。

那时，袁隆平还是一名乡村教师，如果他选择研究杂交水稻，意味着他要跨行业，还要在田地里经受风吹雨淋。由于他家里经济条件不错，父母不想让自家孩子受委屈，多次劝他放弃。但袁隆平很有个性，只要他下决心要做的事情，没有人能阻止。

为了寻找合适的水稻做杂交，袁隆平用了差不多两年的时间在全国各地的田间寻找，风雨无阻，几乎用脚丈量了我国所有乡村的土地。正是通过这些不辞劳苦的实地考察，袁隆平发表了一篇关于杂交水稻的极具参考价值的学术论文。

但是，袁隆平的论文中提到的杂交水稻很快被国外权威科学家下了结论，说他不可能研究出来。因为国外科学家深知做这件事情的艰巨性和难度，坚持研究杂交水稻的人有之，但真正有所成就的人很少。沉浸在杂交水稻研究中的袁隆平对外界的质疑声置若罔闻，只想一心一意地通过考察和试验，努力做自己的研究，不管有没有结果。

后来，袁隆平有了三系理论做基础，他花了6年的时间来进行实验。6年中，他有过无数次的失望和失败，但都被无数次的小惊喜取代了。这些小惊喜带给了他鼓舞和力量，让他坚信自己做的是一件值得用一生去做的正确事情。

人们形容他的日常生活情景时说：每天不是在稻田里，就是在去稻田的路上，把所有的精力都用在细心研究和看护水稻上。

困局管理

通过几十年如一日的研究，他实现了承诺，他培植出的水稻不但耐盐碱，产量也高，为我们国家增加了至少几百亿公斤的粮食。此外，这种粮食还能让全世界饥饿人口的数量大幅度减少。就这样，袁隆平凭借一生只做一件事的毅力，不但解决了我国人民的吃饭问题，也让世界上其他国家跟着受益。

这才是一生做好一件事的"正确打开方式"。有兴趣使然，更多的是使命。在兴趣和使命的驱使下，踏踏实实、兢兢业业、几十年如一日地去做，是做好一件事的基本功。正所谓"心心在一艺，其艺必工；心心在一职，其职必举"。成功不是一蹴而就的，而是厚积薄发；成功不是偶然的，而是必然的。这种精神类似于"竹子精神"。

竹子本是一种非常常见的植物，原被用于园林美化，还可以被制作成各种竹子制品。但是很少有人仔细研究过竹子的生长规律。竹子是一种很神奇的植物，它在开始生长之前，只是一棵小小的竹笋，藏在深深的泥土中。在生长过程中，它不停地向下扎根，根茎会不停地向深处蔓延，为自己今后的生长打下基础。

这就好比一个人的成长过程，如果只是求快，没有打好根基，那么成长得越快就越危险，很有可能被一些小小的挫折击倒。所以，一个人成功的秘诀是不停地向内生长。同样的道理适用于我们做一件事，就是要做精、做细、做得出色，这才是基础。

在生活与工作中，并不是每个人都能够真正投入精力去做好一件事情。由于社会赋予了我们各种角色，为人夫，为人妻，为人子女，为人父母，或者是公司领导、员工等。为了扮演好不同的角色，承担不同的责任，我们必须分出精力，在这种情况下就很难专心做好一件事。

成功与失败，优秀与平庸，有时只是一念之间，无丝毫经验可以参考。如果一件事让我们迷迷糊糊，度日如年，或者我们一边想做这件事一边又对自己心存怀疑，毫无行动，那么，做这件事是不可能给我们带来快乐的。没有快乐，做事就变得被动，更别说成功了。

这就好比我们做工作。工作并不一定等同于事业，它可以为我们换来衣食，却不一定能为我们带来快乐。但是，为了生计，我们又不得不去工作。在这种情况下，我们应该如何寻找工作中的快乐呢？有一个很管用的办法是专注地工作。当我们专注地做一件事情时，可能会出现一些困难和烦恼。但是，当我们完成它并取得成绩时，我们就会由衷地感到快乐！

"板凳要坐十年冷"。不仅仅是工作，我们做任何一件事，都要学会专注、等待。用有限的时间和精力把一件事做好，做到极致，就能成为真正的高手。那些卓有成就的人，大部分是专注于做一件事情。

当我们把时间和精力专注于某个方面，不断深耕和精进，终有一天，我们会突然做出一件了不起的事情。

我国台湾著名剧作家、导演李国修年少的时候埋怨父亲做了一辈子鞋却没有赚到多少钱。父亲告诫他："一辈子只要做好一件事，即便功德圆满。"

父亲的话让李国修深受启发，他把父亲的这句话作为座右铭。毕业后他选择从事表演工作，后来做了导演。为了拍出好作品，他用毕生的精力只做"开门、上台、演戏"这一件事。多年来，他的作品深受观众好评，媒体称他是"台湾的莫里哀"。

专注于一个领域，专注于一件事，用一生去做好它，先不说成就。仅仅是通过这种专注精神养成的习惯，就足以让我们突破困局、异于常人了。

一生坚持做一件事并不难，这需要我们在做事情时抱有以下几种心态：

1. 选择自己喜欢的事情去做

要选择自己喜欢的事情去做。有了这份喜欢，我们就有了动力。还要对选择做的事情充满兴趣，当我们对所做的事情缺乏兴趣时，就会找各种借口逃避。所以，不管是找工作还是做事情，都要以喜欢和兴趣为出发点。

2. 享受做事的过程

在做一件事情前，不要思前想后、患得患失、害怕失败，而是要抱着乐观的心情投入到做事的过程中，把注意力全用在做好这件事上。这种不问结果只享受过程的做事方式，会让我们感受到成长的快乐。一旦拥有快乐的心态，不但能提高我们做事的效率，还能激发我们的灵感。

3. 投入所有精力做一件事

当我们把自己有限的精力聚焦在做一件事上时，就会发现自己进入了一种忘我的境界，感觉自己不是在做这件事，而是在做真正的自己。当我们为了做好这件事而投入所有的精力、给予所有的关注时，事情就会慢慢地向我们期望的目标转化。当事情做好后，我们的那种激动的心情是难以形容的。此时，我们会觉得是这件事成就了我们。

07

身边那些不起眼的人,为什么能突然爆发

在和阔别多年的大学同窗聚会时,有几位同学由于工作忙,实在是脱不开身,就没有参加。

后来我们才知道,这几位同学有的被公司派到国外学习,有的在外地考察项目,有的则是正赶上开董事会……他们那是真正的"忙"啊。惹得大家纷纷感慨:

"没想到这几位当年不起眼的同学这么有出息了。都说'一日不见,当刮目相看',我看他们是几年不见,称王称

霸了。"

"现在社会，再有才华，老实本分都做不了大事，还要看格局、拼胆量，敢想、敢做、敢折腾才能够做大事情。"

大家半开玩笑的议论中，透着浓浓的酸味。

"有人不是说吗，越不要脸越能成功。"

说这话的同学，当年曾经是我们学校学生会叱咤风云的人物。身为学生会主席，他牵头办杂志、建社团，组织各种有意义的学校活动，成为师弟师妹们仰视的偶像。毕业后，能力出众的他被好多大企业争抢，他最终选了一家他认为最好的公司。

而那些普通得近乎没人记得的同学，则踏上了前途未卜的求职路，不求公司好，但求有公司接纳就满足了。

多年后，我们惊讶地看到，昔日那些被许多人忽视的不起眼的同窗，突然间变得厉害起来，他们在自己擅长的领域成为独当一面、无可替代的人。

人们都爱犯的通病是羡慕、嫉妒身边的人。例如，我们上学时的那些学习成绩不好、没有特长的同学，却在毕业多年后变得有出息，想当年他们可是"丑小鸭"，现在却变成了"白天鹅"。此时，大家表面上不说话，但心里由于不服气而愤愤不平，感叹造化弄人。

有一次，我跟表弟聊天，得知他在老家的城市花100多万元，全款买了一套大房子。我十分吃惊。在我的印象里，他是那个只有大专学历，在市里一家企业做着月工资只有3000元的临时工。

还记得很多年前，他老婆做剖宫产手术时，连200块钱的暖袋也舍不得用。那时他心疼老婆，偷偷地买给老婆用时，他母亲和他老婆还跟他吵了一架，说他乱花钱。

这个在众亲戚眼中默默无闻的"老实的穷人"，居然能全款买房，令我非常惊讶。

在跟他深入聊天后，我才得知，这些年中，他通过参加自考取得了本科和在职研究生学历。由于工作能力强，他早就转正了，现在已经成为公司的骨干。有时候，公司里其他人不愿意干的脏活、累活，他还是会像以前那样主动去做。

由于平时喜欢钻研专业知识，他带领团队研究出来的几项专利还获了奖。他把个人得的奖金全部捐给团队，激励大家跟他一起再接再厉再创佳绩。

前些年,老家市里搞的一个知名旅游区的规划项目,就是他带着团队完成的。公司担心他能力出众会另谋高就,就给他单独制定了福利待遇,他的收入是工资加奖金加提成,每年还根据他们创造的收益发放年终奖。

现在他每月的收入是多年前的很多倍了。可是他仍然很低调,上班骑自行车,利用业余时间不断学习、提升自己。每年家族聚会,他很少提及自己的工作,也不会花很多时间跟亲戚吹牛,更不说闲话、道家长里短。聚会过后,他就找借口离开,钻进自己的房间继续攻他的专业知识了。

由于他不说,亲戚们也不问,所以,这些年他一直在通过自己的努力高调地成长,而我们这些亲戚却停留在原地。打个比方,此时的他已经在十几层楼上了,亲戚们还以为他在一楼。也就是说,在亲戚们眼里,他还是十几年前月薪 3000 的临时工。

取得任何形式的成就或成功都不是偶然的,而是不懈努力后的必然。

特别是在现在这个时代,缺的不是机会,而是我们能不能凭借自己的实力争取到机会。大多数时候，我们很难沉下心来踏踏实实地做一件能成就自己的事情。

我崇拜的一个学姐，在外企谋得一个待遇不错的工作。一年后，她有一个能力不如她、关系处得很好的叫小苏的同事辞职创业了。当时她也心动过，可是一想到创业风险很大，她立即将这个念头扼杀在萌芽中了。

果不其然，半年后，她听说小苏创业失败了。她好心帮小苏联系到一份工资福利都不错的工作，但被小苏拒绝了。

她不明白，为什么小苏宁愿守着那个半死不活的小公司挣扎，也不接受她好心介绍的高薪工作。

就在她快要忘记小苏那举步维艰的小公司时，意外听到新来不久的实习生提到小苏公司的名字，并说有个项目要跟这个公司合作。

她所在的企业是外企，能够跟他们企业合作的公司，还是要有一定的实力的。然而，小苏却做到了。她深知小苏一定是在经历了很多不为人知的失败和挫折后，才让公司走上了正轨，有了今天的成就。

其实，那些平时不怎么起眼，有一天却突然爆发的人，大概都具备以下几个特质：

1. 在看透事情本质的基础上坚守

分析事情的本质，首先要知道做这件事的目的，搞清楚了目的，就更容易看透本质。例如，前一秒还高兴地玩耍的孩子，突然就哭起来了。有经验的母亲会抱起孩子进行安抚，不一会儿孩子就睡着了。孩子哭是因为困了，因此"困了"就是事情的本质。如果新手妈妈不懂得这个本质，就会怪孩子不听话，甚至和孩子发脾气。

电影《教父》里有一句台词："在一秒钟内看到本质的人，和花半辈子也看不清一件事本质的人，自然是不一样的命运。"那些能突然爆发的人，他们善于看清事物的本质，每做一件事情前，他们会先问自己为什么做这件事情，再寻找做好这件事情的方法。例如创业，他们并不是单纯地为了赚钱，而是清楚自己创业的目的——追求自己热爱的事业，通过创业实现自我价值。无论成功或失败，他们都会坚持把这份事业做下去。这就是他们一直在别人看不见的地方努力、坚守并突然爆发的原因。

2. 高调做事

敢想敢做、勇于尝试、高调做事，是能突然爆发的人的特点。他们习惯了少说多做，不爱张扬。这就给我们留下一种错觉：他们一直是在做一些无用的事情。直到有一天他们成功了，我们还疑惑为什么不起眼的他们突然变得这么厉害。

3. 具备忍耐力

李敖说，一个人，只有当他能忍受孤独，才有可能取得成功。做大事的人之所以孤独，是因为他们想问题的角度、做事情的方式让人难以理解，常人包括家人会嘲笑他们的行为，不屑与他们为伍，他们自然就要忍受各种寂寞和孤独。这有点像金蝉蜕变的过程。

金蝉通常要先在地下生活 3 年，而美国有一种蝉，则要在地下生活 17 年。在那些暗无天日的日子里，它们独自生活，依靠吸收树根的汁液一点点成长，等变得足够强大时会在夏天的某一个晚上默默地爬到树枝上，一夜之间蜕变成知了。当太阳升起时，它们就飞向天空，开始自己的高光时刻。

4. 具有果断、自我的行事作风

太在意别人的看法，最后会有两种结局：要么自己累死，要么让别人整死。而那些能突然爆发的人，他们认准了一件事就果断去做，不问成功与否，不会在意别人对自己的看法，不会被他人的言论左右，只做自己认为有价值的事情。失败了也不怕，他们会重新调整目标和方向再次上路。

其实，每个人都可以爆发出他真正的实力，关键在于不要被日常生活中的琐事羁绊，不要被人生路上的流言蜚语阻挠，坚守自己的初衷，朝着自己的目标一路前进，勇敢做真正的自己，做自认为正确的事情。这样，即便没有成功，也不会有遗憾，起码自己"自我"地活了一次。

第二部分

选择困局

我们若不破局,哪种选择都是错误的

01

为什么我们选的都不是我们想要的

从出生到长大,不管我们愿意还是不愿意,我们都在不停地做选择。我们除了不能选择原生家庭外,成年后的生活大多是自己选择的结果。

"自己选择的路,跪着也要走完。"这句略带自嘲的自我勉励的话,道出了选择的重要性。然而,一个选择到底是重要还是不重要,到底是否正确,这是因人而异的,最重要的是,我们是否因此而感到快乐和幸福。

上学的时候,我有个学习成绩很好的同学,中考时,她不顾老师和同学的劝阻,执意选择考中专。

多年后的同学聚会上,身体已经发福的她向我们抱怨眼下不如意的生活:

"我爱人没本事,挣得少不说,还很懒,脾气又暴躁。你说我这是什么命啊。"

"我真后悔当年选择读了个破中专,早早走上工作岗位,学历低只能做没有多少含金量的工作,赚的钱连自己都养活不了。"

……………

她一遍遍地抱怨,传染了在座的其他同学。大家纷纷吐槽各自的生活:

"我下班一进家门,看到孩子又没完成作业却在玩游戏,就火冒三丈想抽他。感觉自己每天生活在焦虑之中。"

"我现在都不敢要孩子,我爱人比我赚得还少。后悔啊,当初追我的人那么多,为什么偏偏选择了他。"

"我毕业后选择创业,干了一段时间后,觉得有风险,就又选择了上班。现在那些跟我同一时期创业的人,都有上千万的资产了。"

…… ……

同样是自己选择的生活，为什么有很多人每天还会抱怨所选择的生活不如意呢？

原因就是他们永不满足，总觉得错在别人。你看吧，那些爱抱怨的人，大部分会把自己不快乐的原因归咎于他人。除此之外，还总是"这山望着那山高"，处处攀比。

我们的选择构成了自己的生活剧本。也就是说，我们的选择塑造了我们自己，我们做什么样的选择，我们看起来就像什么样的人。例如，无论多大年纪，我们都喜欢选择穿颜色亮的衣服，那是因为我们有一颗年轻乐观的心，我们看起来就是一个有积极心态的人；我们吃饭时喜欢选择清淡的食物，那么我们看起来就是那种注重养生的人……

从人的本性来说，我们选择的一般都是自己内心想要或渴望的东西。基于这种因素，我们会尽量"选自己所爱，爱自己所选"。这么做会让我们跳出"选什么都不是想要的"的困局。

我有个朋友，从小生活在贫穷家庭。常言说，贫贱夫妻百事哀,她父母几乎是每天都会因为一些日常琐事从"拌嘴"上升到"决斗"。

她和哥哥是在父母的争吵和打骂声中长大的。

深受家庭环境的影响,她大学选择去千里之外的城市就读;大学毕业后,她选择留在那座城市工作,并在那里结婚成家。她对我说,选择远嫁,是不想让儿时熟悉的环境勾起她太多伤心的回忆。

远嫁的她,生活过得并不好。由于性格不合,她和丈夫在他们的女儿10岁时离婚了。为了争取到孩子的抚养权,她选择净身出户,独自抚养孩子。再婚的前夫以"需要养新家"为理由,拒绝给孩子抚养费。

她没有为这事跟前夫纠缠,认为那是浪费时间。她先是带着孩子在外租房住,因为孩子上学需要接送,她就选择辞职打零工。

远在千里之外的父母心疼她,劝她回老家,并在老家给她找了一个家庭比较富有的结婚对象。她认识这个男的,他是和她一起长大的初中同学,他一直喜欢她,可以说是知根知底。但她拒绝了,还是选择一个人在异乡打拼。

困局管理

偶尔她会在微信上向我倾诉生活的艰辛。隔着屏幕，我都能感觉到她过得有多苦。

身在异乡的孤儿寡母，没有任何依靠，一个人扛下了养育孩子的所有重担。而我也帮不上她什么忙，想到这里，我心里隐隐作痛，想到她如此善良又坚强，便发自内心地给予她祝福。

我身边也有跟她年龄相仿、人品相配且有财力的适婚男人。我多次向她提及，她都拒绝了，并对我说，越是爱一个人，越不愿意给对方负担。她不想把自己的困难转交给他人。

"是我选择的婚姻，离婚是我选择的，孩子也是我选择要抚养的。既然选择了，就要负起这个责任。不管这个选择是否正确，我都会接受选择给我造成的结果。我要养育我的孩子，这是我要承担的责任，也是我甜蜜的负担。"她固执地说。

大多数时候，她会向我讲起跟女儿共处的点点滴滴的快乐时光，经常把屏幕这边的我也感染了。

她就这样乐观地在异乡过着在外人眼里苦哈哈的日子。

机缘巧合之下,她开始开网店了。由于她能吃苦,又懂得诚信经营,不久,她的网店生意就兴隆起来。

现在她凑齐首付,买了一套两居室的房子,需要还20多年的房贷。她说:"很多人劝我嫁给有房的男人,说那样的生活很安逸。我却觉得,住在自己买的房子里更安逸。所以,我选择了这种有压力也有动力的生活。"

以她的条件,完全不用选择过还房贷的辛苦生活。可是,她还是选择了,并且是快乐地做了选择。

现在我每次看她的微信头像,都会被她那副笑得甜甜的乐观向上的样子所激励。

每个人当下的生活,都是自己选择的结果。我们能否快乐地接受选择的结果,还是取决于我们自己。

决定我们幸福的,从来不是选择,而是生活态度。生活虐我们千百遍,我们要待生活如初恋。当我们抱着这样的心态生活时,做什么选择都是正确的。

选择从来不是造成我们生活不幸福的主因。对于积极应对生活的人来说,选择只是他们通往美好生活的一条必经之路,无论他们做哪种选择,最终都会奔向幸福的终点。

困局管理

每个人的人生都或多或少要经历一些苦难。"苦难守恒定律"也告诉我们,苦难是人生的基本特征,每个人一辈子吃苦的总量是恒定的。苦既不会凭空消失,也不会无故产生,它只会从一个阶段转移到另一个阶段,或者从一种形式转化成另一种形式。所以,没有完美的选择。不要在遇到一点儿困难或者生活不顺利时,就埋怨自己当初的选择,认为是选择错误。

当我们对现在的生活不满时,请做以下尝试:

1. 保持乐观向上的心态

人生短短几十年,高兴也好,痛苦也罢,我们都无法完全左右,与其悲伤忧虑,不如微笑悦己。要让自己永远积极向上,永远快乐美丽。不管是勇往直前,还是沿途歇一歇,只要是前行,我们都会看到不一样的美丽风景。

2. 幸福生活是必选项

生活实苦,但不必负重前行。生活对所有的人都是公平的，选择幸福的人，苦中也能作乐；选择不幸的人，乐中也会伤悲。不要尝试占有超过我们承受能力的东西，不要在生活中自怨自艾。不管选择什么样的生活，都要向前看，永远不要依据过去策划未来；相信自己，坚信自己的明天比今天更好。有了这样的心态，我们一定能找到属于自己的幸福。

3. 相信自己的选择永远是最好的

与其让自己站在十字路口患得患失，倒不如既选之则安之。选了就满怀希望、信心满满地走下去。前方永远都有惊喜等待我们。相信我们自己的眼光，我们的任何选择都是最好的。

02

走出选什么都后悔的困局

很多时候,我们最初以为很完美的选择,却经常是导致自己以后生活不如意甚至坠入苦海的始作俑者。

先说选择婚姻。

在婚姻中,很多遭遇过挫折或失败的女人会悲天悯人地呐喊:

"结婚本来是想找个男人遮风挡雨,后来发现所有的大风大浪都是他给的。"

"婚后才发现,现在自己流的泪,就是婚前脑子里进的水。"

……   ……

同样,婚姻中感情不顺利的男人也委屈地发出回击:"现在的女人过于现实,爱钱、拜金,太过物质。"

……   ……

有一对相恋多年的情侣,在即将走入婚姻殿堂时,因为两人的意见存在严重分歧而分开了。他们在冷静下来之后的很多年,才选择了自己十分中意的另一半结婚。

进入婚姻生活后他们发现,另一半跟前女友(男友)比起来,差太多了。这时他们觉得自己的选择简直是大错特错,并常常感到非常后悔。

之所以会出现这种情况,是因为在选择配偶时,我们通常都忽略了自身的条件——认不清自己,不管是相亲,还是自由恋爱——我们只在意对方的条件,却看不到自身的劣势。

例如,有些女人要求男人车房俱备,有钱有颜值,当然,高富帅、富二代就更好了。

一旦男人有了足够的经济基础，年龄、性格、长相等就都在其次。如果女方介意，那还是男方经济基础不够好。当经济基础足够达到自己的要求时，对方就是完美的结婚对象了。

男人也是如此。例如，很多男人对女人要求：善良、持家、孝顺……当然，如果对方年轻、漂亮，那就更完美了。

上面所说的这类男女，对所选择的另一半的要求，都基于满足自己的要求和需求，通常不考虑自身条件如何。

随着年龄增大、阅历加深，只有钱包不鼓的情况下，他们才会降低自己的要求，但即便降低条件，也仅限于降低他们认为的那些次要条件，例如，女方会降低对男人年龄限制，但房、车、彩礼是硬条件；男方则是会降低对女人职业的要求，但持家、漂亮还是硬条件。

基于这样的选择，假如这时有两个男人供适婚女人选择：一个年轻帅气，但没房没车，工作一般；另一个年龄大、长相普通，但是非常有钱，恐怕大部分女人会选择有钱的，当然，也会有一小部分会选择年轻帅气的。

同样，男人也一样，如果有两个女人供他们选择：一个年轻漂亮，职业和家境很差；另一个外表普通，年纪跟他们相差不大，但工作和家境都不错，那么大多数男人还是会考虑年轻漂亮的女人，虽然也有可能选择年纪相当的，不过，往往都非所愿。

然而，大多数情况下，不管他们选择了哪一个人作为自己的结婚伴侣，如果他们不端正心态，都会在婚姻中或多或少有些遗憾或后悔。

再说职业。

我小时候的梦想是当一名大学老师。我非常向往站在讲台上向学生传授知识的那种感觉。大学毕业后，面对摆在面前的两份职业——做大学老师和做文字工作。我犹豫过，但最终还是选择了当老师。

我如愿成为一名大学老师后，虽然我热爱自己的教学事业，但是我经常忍不住想，如果当初我选择了另一份职业，生活会是什么样子呢？

虽然只是想想而已，但是当我在工作中受挫时，我还是会偶尔遗憾或后悔：是不是选择另一份职业更好一些？起码在收入方面，要强于现在吧。

跟我有同样困惑的还有我的一些朋友和同学。每次听他们提起不该选择现在从事的工作时，我都会陷入沉默。

因为此时他们做的工作，正是我毕业后面临选择的另一份职业，也是我现在偶尔后悔并向往的职业。在他们看来，做大学老师的我，正成为他们羡慕的人。他们说老师这个职业轻松、有带薪假期，收入稳定，等等。

虽然我一再跟他们讲，大学老师这份工作并不像他们想象的那么轻松，也有来自各方面的困扰和压力，可是他们根本不信。他们只是单纯地看到了老师这份工作的表面，然后把听来的关于当老师多么好的一些传闻美化，加上他们自己的猜测，就形成了对我的羡慕，对自己当初没选择当老师的后悔。

其实，他们羡慕的不是大学老师这份职业，而是经过他们想象加工后的理想的大学老师职业。真的让他们选择做了大学老师，他们依然会后悔。

不管是婚姻，还是职业，之所以我们会陷入"选什么都后悔"的困局，其原因就是：自我制造的假象。

人无完人，婚姻和职业也没有完美的，只是我们自己不肯承认而已。张岱在《陶庵梦忆》中说："人无癖不可交也，以其无深情也；人无疵不可与之交，以其无真气也。"他说的是：若一个人没什么喜好，就很难跟他人建立很深的交情，因为这样的人不痴情也不重情；若一个人完美到没有缺点时，也就没有突出的真学识，与之交往是学不到东西的。

这句话适用于识人，同样适用于我们选择结婚对象和职业。完美的婚姻和职业跟完美的人一样，是不存在的。我们唯有懂得看到所选择事物的优点，也就是当初吸引我们的那些闪光之处，并且想办法规避其短处，才能够把"不合适的"选择转变成"最合适的"。

大千世界的美好，源自世间万物各自不一样的美和不一样的缺陷。赛斯说："我所有的不完美，其他生物所有的不完美，都在我生存的宇宙那更大的计划中得到弥补。"所以，当我们做出选择时，要尽量做到：

1. 遵从自己的内心

只有我们内心真正喜爱，才会有最真实的流露。最初选择时，我们要基于自己内心的真实想法。多问问自己的内心，我们所选择的事物对我们的重要之处在哪里；如果不选择他，我们会有什么样的损失。

2. 多分析

既然我们在两者中选择了其一，那么，我们在看到所选对象的优点的同时，也要分析其缺点，并想好应对措施，缩短自己与对方的磨合期。这样我们所选择的就是"最好的"，更重要的是，它适合我们。

3. 善于经营

不管我们选择什么，最终也离不开跟他人打交道，这就需要我们学会经营跟他人之间的关系，最重要的是跟自己的关系。江山易改，本性难移。别人我们一般很难改变，那就改变自己。

03

如何在鱼翅和熊掌之间做取舍

在所有的选择中,最艰难的选择无非就是在面对鱼翅和熊掌时。这里的鱼翅和熊掌指的是两件看起来完美无缺的事物。

例如,在情感生活中,鱼翅象征着白玫瑰,熊掌象征着红玫瑰,它们各有各的美,各有各的独特之处。

例如,在职场上,鱼翅和熊掌象征着两份薪水一样可观、都有发展潜力的工作,并且在我们看来这两份工作都有很广阔的职业前景。

的确,面对这样的情况,我们一般很难做出选择。但这还不算是最难的。最难的是,当我们选择了鱼翅,却发现舍不得熊掌。这时应该怎么办呢?

这个选择,其实非常简单,如果我们选择了鱼翅,又向往熊掌时,在条件允许的情况下,就再选择一次熊掌。前提是,我们要敢于承担这两种选择的后果,并且接受两者都无法得到的损失。

我的亲戚家有一个女儿,家境好,颜值高,人又聪明,职业也好,妥妥的白富美。彼时有两个高大英俊的结婚对象追求她。

她对两个人都非常满意。在没有跟他们确定男女朋友关系前,她在跟他们的交往过程中,享受着两个"优质男"朋友般的体贴与呵护。但是,道德的底线让她明白,感情世界里是不能享受齐人之福的。

最终,她在他们中选择了其中一个有点依赖她的男士作为结婚对象。她总结说,虽然他们两个人都不错,都带给了她快乐的情感体验,但在相处过程中,她发现最好的感情原来是一样的：彼此真心对待，彼此是自己的唯一。

而她选择其中一个男士作为终身伴侣，拒绝另一个男士，是因为另一个男士跟她一样有爱的能力，也就是懂得爱他人。所以，无论另一个男士离开她后选择跟谁在一起，她都相信，他有把跟对方的婚姻生活过好的能力。

在她看来，面对像鱼翅和熊掌一样美好的两个人，无须做选择，任选一个就可以了。并且既然选择了对方，就要一心一意地跟他共度余生，即使遇到坎坷和问题，也要两人一起面对、一起承担、一起解决，而不是一遇到不如意就去想另一个男士的好，后悔当初没选择他。

人们之所以难以在鱼翅和熊掌之间做出抉择，还是因为无法认清自己，不知道自己到底需要什么，才在选择时犹豫不决——这个想要，那个也想要。

这个时候要快速清醒地做出决断。这往往考验的是一个人愿赌服输的格局。

我大学时的一个同学，他工作5年后，面临着两个诱惑力极强的选择：一个是年薪百万、与专业对口的高薪工作——做职业经理人，一个是有着很好发展前景的自主创业机会——自己做老板。

这两个选择需要他在一周内做出决定。

他最终选择了接受百万年薪的工作。虽然他放弃了创业致富的好机会，但他认为，工作也好，创业也罢，都能提升他的能力。他心里明白，年薪百万的工作，需要他付出相应的能力和价值；创业致富的机会，也需要他牺牲一些宝贵的东西作为对等条件来换取。有失才有得，在选择中显得尤为重要。

他相信，做任何选择、任何事情，都要全力以赴地激发自己的潜能。所以，不管是做高薪的职业经理人，还是自主创业做老板，只要同样付出努力，即使不会有同等的物质上的收获，也会让我们在其他方面得到弥补。

他觉得创业不仅仅需要机会，更需要实力。等他有一天想创业了，就辞职专心创业。

几年后的现在，人到中年的他选择在很多人不看好的疫情期间创业。我们问他："会不会担心创业失败后，一切要从零开始？"

他微微一笑，说这些早就想过了。可是，做什么没有风险？就算是打工，若企业效益不好，也随时会面临被降薪、裁员的风险。

"我当初毕业时，本来就是一无所有地走入社会。我从一无所有到今天的车房俱备，也算是白手起家。如果创业让我归零，我想凭借着一身的经验和能力，还会东山再起。"

他的一番话让我醍醐灌顶。的确，人生的快乐，不就是靠自己去打拼，激发自我价值，为自己和家人创造美好的生活吗？

在这个过程中，我们的成长来自不断的自我尝试，这样的人生才有意义。就像一部情节紧凑的电视剧，跌宕起伏才好看。

年轻时一无所有的我们，用初生牛犊不怕虎的精神换得一身本事，谋得一些财富；中年后，用这一身本事书写自己的故事，这样才不会有遗憾。

当我们心里做好了迎接最坏结局的准备时，就没有比这更糟糕的了，也就什么都不害怕了，选择也就水到渠成了。在面对鱼翅与熊掌的时候，扪心自问，搞清楚我们最想要的是什么。

战国时期孟子在《孟子·告子上》中的《鱼我所欲也》中说："鱼，我所欲也；熊掌，亦我所欲也。二者不可得兼，舍鱼而取熊掌者也。"

孟子的本意是强调，如果我们不能兼得的时候应当如何取舍，但如果认清"鱼"和"熊掌"指的是什么，如果是我们力所能及，只要想些办法，就可以通过努力兼得。

孟子意在告诫人们要重义，宁可舍生也要取义。现在的很多人已经忘记这句话的原意，只是津津乐道于鱼和熊掌不可兼得。它还延伸为一个告诫我们的真理：人不能太贪心，好事情不可能让一个人占尽，有所得必有所失，我们应该学会放弃次要的而专心对待主要的。也就是我在这里说的，熊掌和鱼翅不能兼得。

只有明白了这句话的原意，我们才能在两者之间轻松地做出更有利于自己的选择。

04

选择是寻找自我的过程

幸运的人一生注定会遇到两个自己：一个是惊艳了时光，一个是温柔了岁月。这样的两个自己，源于我们在生活中的一次次选择。

不管是错误的选择，还是正确的选择，只要我们经历过并有所感悟，那就是一种成长。

在生活中，我们之所以觉得选择难，给我们造成了困扰，可能是因为我们曾经有过选择失败的经历，甚至认为现在不顺心的生活是由于当初的错误选择造成的。

假如任正非失业后不选择创业而是继续找工作,那么可能就没有后来华为的崛起;假如袁隆平不选择研究水稻,可能就少了一位造福国家和世界的"杂交水稻之父";假如姚明只练铅球,那么中国可能就多了一位普通的扔铅球的选手,而少了一位篮球巨星;假如刘翔只练跳远,那么中国可能就多了一位普通的跳远选手,世界上却少了一名优秀的短跑健将……有时候路在我们面前突然转了个弯儿,或者分出了叉,这时,我们是仍然做那一件事,还是选择另一件事?

我有个学生,本科毕业的他,被分配到一家好单位。他想去,可是担心自己学历太低,怕以后被淘汰。因为他了解到,单位的研究生同事占了全单位的将近一半。

可是如果选择考研究生,他怕错失了这份好工作。他也知道,现在研究生比比皆是。他也不敢肯定明年就一定能考上。而且等他毕业,那时候研究生更多,工作就更不好找了。

我站在他的角度,帮他分析了考研究生和工作的利弊,居然也无法帮他做出选择。我建议他再根据自身的情况想一想。

几天后，他对我说，他决定选择先工作。原因有两点，一是工作机会难得，二是他觉得可以一边工作一边考在职研究生。

他说，他怕重蹈覆辙。原来，高考时，他第一年考的专业不错，学校也还可以。可是追求名校的他选择复读，结果第二年考的学校还不如第一年好，录取专业也属于冷门专业。

这一次错误的选择，让他害怕再次选错，他才决定先谋得一份喜欢的工作。在他看来，学习是终身的事情，一边工作一边考研究生，对于此时的他来说，不失为最佳选择。

半年后，他向我诉苦，说工作实在太忙，经常加班，根本没有时间看书复习。我对他说，既然选择考在职研究生，就要想尽一切办法挤出时间来学习。

时间过得很快，转眼一年过去了，就在我快要忘记他考研究生这件事的时候，他对我说，他差两分没有考上研究生。这一年来，他坚持从业余时间里挤出学习的时间，为此瘦了十多斤。虽然没有考上，但是他很开心，因为他发现自己还具备管理时间的能力。

接下来，为了腾出更多的时间为考试做准备，他做了一张严格的时间管理表，以看看自己在学习中到底有多大的能量。

他对明年考上研究生有很大的信心。

看到充满激情的他，我心里很为他高兴。他就是在一次次选择中，发现了最好的自己。

美国成功学大师安东尼·罗宾说："不论生活中发生了什么问题，要把焦点放在寻求解决办法上，而不是让你害怕的方向上。"

有研究发现，凡事至少有三种解决方法。那些认为事情只有一种解决方法的人，必将陷入困境，因为他会觉得别无选择。认为事情有两种解决方法的人也容易陷入困境，因为他给自己制造了左右为难、进退维谷的局面。有第三种解决方法的人，通常会找第四、第五甚至更多种方法。

所以，选择失败并不可怕，只要我们能解决在这个选择中遇到的问题，就足够了。面对多个选择，依然能够勇敢做出选择的人,都是有能力的人。

选择不仅能够锻炼我们对事物的判断能力,也是我们寻找自我的过程。不管做出什么样的选择,我们都会或多或少发现自己的长处或短处,并在一次次选择中发现自己的喜好和短板,从而找到真实的自己。

当懂得了选择是在寻找自我时,我们就跳出了选择的困局。

有选择总比没有选择好。如果选择很多,我们却一直不成功,只能说明至今我们用过的方法都没有获得自己想要的效果而已。

关于选择的智慧,哲学家苏格拉底给出了很好的解释。

苏格拉底的学生柏拉图问他:"什么是爱情?"

苏格拉底就叫他到一块麦田里走一次,并嘱咐他,往前走时不要回头,还要在途中摘一根他认为最好的麦穗,而且只能摘一次,摘下后再看到更好的也不许换。

柏拉图高兴地去了麦田,过了好久他才双手空空地出现在老师跟前,解释道:"我有很多次看到当时觉得最好的麦穗,但是又担心后面有更好的麦穗,又不能换,就放弃了。

可是走完麦田时,才发现一根麦穗都没有摘到。"

苏格拉底对他说:"你选麦穗的过程就是爱情。爱情是一种理想,而且很容易错过。"

柏拉图又问他:"什么是婚姻?"

苏格拉底叫他到杉树林里走一次,这一次的要求跟上次一样,往前走时不要回头,在途中选一棵最适合做圣诞树的树,还是只能选一次。

这次柏拉图吸取上次的教训,很快就拖回一棵看起来不错的杉树。苏格拉底问他:"这是不是你认为最适合做圣诞树的树?"

柏拉图连忙解释:"这一棵看起来还行,主要是时间快到了,加上体力有限,也不管是不是最适合做圣诞树,就拿回来了。"

苏格拉底说:"这就是婚姻。婚姻需要我们理智地分析、判断,然后综合平衡。"

柏拉图又问他:"什么是外遇?"

苏格拉底让他再到树林里走一次,可以来回走,在途中选一枝最好看的花。

过了一会儿，柏拉图兴致高昂地拿着一枝颜色鲜艳却快枯萎的花回来了。苏格拉底问他："这是不是树林里最好看的花？"

柏拉图回答："对，这在树林里算是最美丽的花，但我采下带回来的路上，它就逐渐枯萎了。"

苏格拉底说："这就是外遇。外遇充满诱惑和刺激，却像昙花一样稍纵即逝。"

柏拉图又问他："什么是生活？"

苏格拉底叫他到树林里走一次，要求同前几次一样，摘一枝最好看的花回来。柏拉图吸取前几次教训，决定这次要有一个令自己满意的选择。

然而，他这一走，三天三夜也没有回来。苏格拉底只得到树林中去找他，找了好久，才找到柏拉图。原来，他已经在树林里住下了。苏格拉底问他："有没有找到最好看的花？"

柏拉图指着面前的一朵花，高兴地说："我觉得这朵花是最好看的。"

苏格拉底奇怪地问："找到了怎么不带回去？"

柏拉图说:"如果像上次那样摘下来,它很快会枯萎。不过,即便我不摘它,它早晚也会枯萎。我不如在它还盛开的时候,看着它美丽的时刻。等它自然凋谢的时候,我再找下一朵好看的花。"

苏格拉底笑着对他说,他已经懂得生活的真谛了。因为生活是追随与欣赏生活中的每一次美丽。

柏拉图能够懂得生活的真谛,源于他一次次的选择。他虽然前几次的选择都不尽如人意,但他一次次地总结,不时地调整自己,从每次的选择中发现真实的自己。

所以,面对选择,我们要做到:

1. 大胆地选择

面对选择,不要害怕。因为每个人生来都或多或少存在缺陷。为了找到更好的自己,我们必须通过不断地选择来发现自己、历练自己、完善自己。有的人悟性高也很幸运,他们一次就能选对,而有的人就像柏拉图一样,需要一次次选择才能选对,还有的人则需要花费一辈子的时间去做选择。

2. 让每次的选择成为一种进步

其实，生活就是不断寻找自我的过程。相信自己，无论做何选择，都会让我们发现自己。努力向上，不仅是为了让世界看到我们，更是为了让我们看到世界。当我们一步一个脚印地往前走时，就会发现，生活中的每一点进步，都能让我们的人生变得辽阔。

3. 让选择成就自己

不管做何选择，都一样要经历困难和挫折。如果嫌读书太苦，选择辍学早点参加工作，那么我们将会应对来自工作中的一些困难；如果我们嫌早早参加工作太累，选择读书，那么我们就得面对来自学习中的挫折。任何选择都是风险和风光并存，所以，要在了解自己的基础上，根据自己的具体情况做出选择。

面对困难和挫折，我们往往会陷入迷茫与怀疑。但是，当我们开始行动时，就走出了迷茫和怀疑；当我们开始在行动中不断努力时，就是一种成长。当我们在成长中变得

困局管理

越来越自信,这些选择会让我们成为更好的自己,那么我们的选择就是正确的。选择的过程,也是我们逐渐向那个完美的自我靠近的过程,所有的坚持和努力,就是为了成就真正的自我。所以,人生也是在不断的选择中寻找和成就自我的过程。

05

突破"必须正确选择"的局

每个人从出生时的"一张白纸",到慢慢成长为对社会有贡献的人,都经历了一次次试错。给我们提供试错机会的正是当初一次次的错误选择。这些错误选择,不仅仅是让我们走了一段弯路,也让我们得到了成长,获得了新生。

我有个朋友性格沉稳、老实可靠,对工作兢兢业业。他大学一毕业就进入现在的公司,一干就是十几年。从基层员工到中层技术骨干,他靠着自己的实力,一步一个脚印地在职业道路上奋进。

2020年疫情暴发后，他所在的外企迁往外地，因为家在本地，他就没有跟随前往。当时，公司极力挽留他，承诺工资不变，还会给他提供住房和专车，以方便他家人去看他或者他回家探亲，甚至答应以后公司效益好了，还给他分红。

也就是说，虽然公司迁移到外地，但是公司给他的待遇不但不降反而提升了。家人和朋友都劝他跟着公司去外地。他是恋家的人，想来想去，选择了不去。这样选择意味着他必须重新找工作，拿比较低的薪资。

受疫情影响，当时很多企业要么裁员，要么降薪。虽然他有工作经验，但是受年龄所限，"奔四"的他三个多月后才找到工作。他进的是一家小私营公司，只有十来个人，工资低得可怜不说，刚进公司的他，还要与二十多岁刚参加工作不久的新员工做同事，和他们一样三个月试用期只拿80%的底薪，没有奖金。

他的上司是个90后，思维敏捷，智商高，快言快语，对他的工作非常挑剔，有时候训他就像老师训学生。他曾做过外企的技术骨干,当时带的下属比这个公司的人还多一倍。

那段时间,他爱人觉察出他工作不顺利,安慰他说要不就给原来的公司打个电话,还是回原来的公司上班,到假期她带孩子过去陪他。

他拒绝了。此时他深刻认识到自己做了一个不正确的选择。只有想着能陪在年老的父母身边,能和爱人一起陪孩子成长,他内心多多少少才会有些安慰。

闯荡职场多年,又在这个行业历练了十几年,他的技术在业内算是顶尖的。他决定发挥自己的技术优势,在小公司做出成就。

在他看来,大公司有大公司的发展优势,小公司也有小公司的生存之道。在公司干了一段时间后,他发现这些90后的同事敢想、敢尝试,不怕失败,对每个项目总能提出一些新颖的观点。这些观点重新打开了他的思路,给了他灵感,帮他完成了一个个成熟的方案。

他就像一棵生长在青青麦苗里的成熟稻谷,非常醒目地昂立在田野间。随着他成功运作的一个个项目给公司源源不断地带来了价值，那些年轻同事也对他敬重起来，90后上司更是直接找律师拟了合同，直接让他成了随时可以变现股份的合伙人。

而他也在一年后开始以公司负责人的身份对外洽谈业务。此时的他，不但技术能力更加出色，业务谈判能力也得到极大的提升。他整个人脱胎换骨，成为行业内的黑马。

这时候，陆续又有几家大公司开始挖他，还开出了比一年前他在外企任职时高两倍的年薪。

对于很多人来说，没有绝对的正确选择，只有相对的正确选择，只要抱有一颗不逃避困难的决心，错误的选择或许还能够成就我们。

可是很多人偏偏不懂这个道理，一旦自己现在生活得不如意，首先就开始怀疑当初的选择，于是就自怨自艾，接着是捶胸顿足，认为是"一次错误的选择，导致时运不济"。但如果他们能想办法解决目前的问题，改善当下的生活状况，这些所谓"错误的选择"也会成就他们的幸福生活并让他们获得成长。

赛斯说，问题也许会出现，但如果它们真的出现了，我们完全有能力处理好。没有问题意味着我们无法获得成长,而没有成长意味着没有价值。

突破"选择必须正确"的局,需要我们用客观的眼光看问题。因为世间万事万物,都没有绝对的好或坏,都是福祸相倚。当我们怀着一颗"过往不恋,未来不迎,过好当下"的心,任何形式的困境都能转变成顺境,任何困难和问题都会有解决的方法。而且每解决一次问题,都会获得成长。问题解决得多了,就会获得新生,成为最好的自己。

人生的很多困局,其实都是自我错误意识和陈旧观念造成的。它让我们一遇到突发事情,就先想到通过惯用的办法去解决,从来不想着从其他方面加以突破。

有一天,动物园的一位管理员发现袋鼠从笼子里跑出来了。他召集大家开会讨论,大家一致认为笼子的高度不够,所以他们决定将笼子的高度由原来的10米加高到20米。结果第二天他们发现袋鼠还是跑到外面了,所以他们又决定将高度再加高到30米。

可是,第三天袋鼠居然又全跑到了外面。管理员非常紧张,一不做二不休,决定把笼子再加高到100米。看着

困局管理

高高的围墙,他们心想:除非它们长翅膀,否则永远也逃不出去。

动物们看着管理员每天忙着加高笼子,都觉得很好笑。有几只袋鼠问长颈鹿:"这些人类怎么回事,为什么总是加高我们的笼子?"

长颈鹿回答:"如果你们再往外跑,他们会一直加高的。"

袋鼠无奈地说:"可他们总是忘记关门,我们能不出去吗?"

很多人在工作中做了许多无用功,每天加班加点地处理工作中的问题,还是没有多少成效,就是因为他们忽略了一点——只看到了问题的表层,没有发现问题的核心和根本。于是,他们就用惯性思维去想问题。这就出现了选择不正确的方式处理问题的情况。

更糟糕的结果是,如果他们不突破自己,这个轻而易举就能解决的问题,会让他们像上例中动物园的管理员一样,一直为此事费心劳神,但永远也解决不了。

记得有个网友在互联网上分享过这样一次亲身经历:

周末,她在为家人做饭。她提前半小时淘米和煮米饭,可是炒好菜准备吃饭时，打开锅一看，米还是生的。她和爱人第一时间就想：锅坏了。然后爱人拿来钳子等工具把锅拆开检查了一遍，发现一切都好好的，锅的电线也没有问题。可是插上电源就是不通电。

夫妇俩正在厨房发愁时，上小学回来的儿子饿了跑进来找吃的。他一眼看到插着电饭锅的电源是关着的，顺手打开了开关。电饭锅的指示灯亮了。

"费斯汀格法则"告诉我们：生活的10%是由发生在我们身上的事情组成的，而另外的90%则是由我们对所发生的事情如何反应决定的。换言之，生活中有10%的事情是我们无法掌控的，而另外90%的事情却是我们能掌控的。

所以，发生在我们身上的每一件看似难以解决的问题，都跟我们自身有很大的关系。只要我们突破自己设的限制，这些问题就能够得到解决。这就需要我们做到以下几点：

1. 选择并接收最新的信息，了解最新的趋势

赛斯说，在任何时刻，我们所处的环境和我们的生活

状况正是我们自己内在期望的直接结果。一个人现在的生活状态，往往是他之前的期望和选择的结果。所以，要想突破自己，除了不甘于平庸，还要不满足于当下。因为甘于平庸、安于现状，恰恰是最危险的时候。为了让自己今天的抉择正确，我们要多关注时代前沿的趋势，选择并接收最新的信息，这样才能紧跟时代步伐，突破自己的局限，更好地创造自己的未来。

2. 认清自己才能突破自己、成就自我

只有认清现实，选择适合自己的发展方向，才有可能真正突破自我，成就自我。这样我们做任何事情，都不会随波逐流。

每个人的能力及所处的环境等都不尽相同，因此，别人做的或者我们想做的，并不一定就适合我们。摆在我们面前的也有无数条可以走的路，而且每天或多或少会面对来自周围环境的诱惑，但并不是每一条路都适合我们走，也不是每个人都能经得住这些诱惑。所以，我们必须综合

判断自己的长处，选定适合自己的目标和方向。只有了解清楚自己的特长，选择对自己有利的环境，选择那些适合自己的职业或事业，才能更好、更准地进行自我突破，省时省力地靠近个人目标。

3. 做好精力管理，做有价值的事情

每一个人的精力都是有限的，如果将精力放在内耗或者无法产生价值的地方，就什么都做不成。做好精力管理，将有限的精力放到有价值的事情上，才能更好地实现自我突破。

4. 专注于一个领域持续学习和挖掘

一个人高级的自我突破，一定是找对自己的方向持续学习和深入挖掘。拿破仑曾说："养成为达成一个目标而专注做事的习惯，这样你会逐渐成为这个领域的典范。"实现自我突破必须专注于一个领域，在一条赛道上不断沉淀积累，才有可能达到目标。

三毛说:"我以为,不断地自我突破,自我调整,自我修正,才是一生中向上爬的力量。"任何行业或领域都能衍生出很多细分领域,总有一个领域能带给我们发展的机会。我们要专注于自己擅长的领域,集中优势,敢于突破。这就需要我们找到自己的优势是什么,自己擅长的领域是什么,在这个领域持续积淀个人能力。

第三部分

行动困局

束缚你手脚的是臆想,敢于跳出"空想"的框

01

为什么宁可说一万次，也不真正去做一次

这个世界上，光说不行动的人太多了。有些人在准备做一件事情前，会先在想象中一遍遍地规划，在头脑里绘制出一幅幅蓝图，那一瞬间，几乎连他自己也非常感动。

可是在付诸行动时，他们要么就眼高手低、一动不动，要么是行动了一半看不到效果就放弃，并找借口："世界那么大，高人那么多，比我厉害的人有的是，我想的这些，聪明人已经想到了。我这不是白忙活吗？算了，还是现实

一点吧,不要白日做梦了。"这就像马云说的那样:晚上想想千条路,早上起来走原路。

于是就出现这样的情况:热火朝天地去想,虎头蛇尾地放弃。殊不知,天底下聪明能干的人多,但懒得行动的人也很多,那些我们眼里聪明能干的人说不定跟我们一样,也是这么想但不付诸行动。

当我们以"白忙活、白日做梦"为由不去行动时,就进入了"行动困局"。如果不跳出这个局,以后做任何事情都会以失败告终,真的应了我们为自己下的"白日做梦"的"诅咒"。

表妹从上中学时开始,就在国家级杂志上发表小说、散文,大学学的也是中文。多年来,她发表的短篇小说和散文少说也有上百万字了。

她大学毕业后,顺利进入她所在城市的一家杂志社做编辑。

有一次,她的一位在出版社工作的朋友建议她把过往的作品结集出版,并说,如果市场反响好,会向她约稿,出版其他作品。

困局管理

把自己的作品结集出版，原是她多年的梦想。于是，她听从朋友的建议，开始整理多年来发表的作品。然而，几天后，她得知出版社出版她的作品集，不但不给稿费，还要让她自费。这意味着她要花一万多元钱出版自己的书。

她并不是心疼这笔钱，而是觉得有失颜面。为此，她特意跟写作圈里的朋友交流了此事。大家都为她自费出书叫屈，说她写的文章那么好，出版社不给稿费能忍受，但是自己花钱出版就过分了。

有了众人的支持，她果断拒绝了朋友的建议，还赌气放弃了写了一半的小说。后来，陆续有出版公司找她约稿出书，其中也有给她稿费的，可是合同签了，对方迟迟不交预付款。圈子里的朋友告诉她要谨慎，因为他们都被图书公司"坑"过。有的写完稿子好几年不出版,也不给稿费；有的是书出版了，但稿费会拖好几年才给。

朋友们向她分享的亲身经历，让表妹开了很多头的稿子都"没下文"了。

前段时间，我有个朋友成立了文化公司，而且跟合作的出版社提交的几个选题都通过了。他通过我找表妹约稿。

> 第三部分 行动困局
> 束缚你手脚的是臆想，敢于跳出"空想"的框

为了让她安心写作，他们签订了合同，甚至给了预付金。

双方约定三个月内交稿。表妹充满激情，说会提前一个月交稿。

两个月后，表妹并没有交稿。我打电话问她，她说快了，再有半个月一定交稿。半个月后，她仍然没有消息，直到三个月交稿期限到了，她主动打电话过来，不好意思地说，稿子还没有写，构思得很完美，但是一动笔就不知道写什么了。原计划每天写五千字，可是写不了几行就没有信心写下去了。

"再给我两个月时间，我会把一部满意的稿子交出来的。"表妹信心十足地跟我说，并让我帮她向朋友求情。

朋友没有同意，虽然书稿的出版没有明确限制期限，但是最忌讳拖稿，最后会给公司造成严重的经济损失。朋友就和表妹解约，另找他人写了。

我深知表妹已经进入"行动困局"，如果没有一件事逼着她下定很大的决心作出改变，她很难走出来，没准选题会因她的耽搁而"流产"。

半年后，表妹把一部约 10 万字的高质量的书稿交给我

的朋友。目前朋友正在审稿。

后来我了解到,她之所以能够摆脱困局行动起来,是因为她得知,她当年没有考上大学的高中女同学通过多年的努力,已经成为出版10多本畅销书的作家。

令表妹震惊的是,她的这位同学目前仍然是利用业余时间写作,每天早上五点起床读书、写作到七点,然后给家人准备早餐,饭后骑车上班。晚上收拾完家务,从九点写到十点半。不管能不能发表,她平均每天至少也得写3000字练笔。这样的学习创作状态,居然保持了十几年。

表妹既佩服她,又深受打击,从跟她的这位同学聊天后的那天晚上起,她就采取了多年没有实现的行动:洋洋洒洒写了近10000字,并且连续一个月每天保持写8000字左右。没有灵感了就看书,写不下去也要写够8000字,即便写的稿子不能用,也可以当练笔了。

现在的表妹创办公众号3年了,每晚九点更新,3年来没有一天断更。

我的学生吴青毕业后进入一家效益不错的公司,他踏实肯干,第二年就获得"优秀员工"的称号。照他这么发展下去，他的职业前景一片光明。

3年后，吴青在微信上对我说，他已经离开原来的公司，目前在新公司做主管。

原来，他是因为不满意前公司的工作氛围，才选择了辞职。他有一位同事很聪明机灵，但就是每个月的工作业绩都无法达标，原因是太懒，喜欢拖延。每个月初，这个同事在会上谈论自己的工作计划时口若悬河、头头是道，他的计划有时甚至能感染吴青和其他同事。

有一段时间，这个同事为了改变自己，还制订了周计划、一天的计划，并让吴青他们监督他落实。但最后的结果是，在吴青他们的监督下，这个同事变得更懒了。他回答吴青他们的话已经成了口头禅：

"等一会儿，立即给你。"

"放心吧，这点活儿，我一会儿就做完了。"

……………

实际上，到了下班时间，他通常会无奈地说一声："哎呀，又没有完成工作计划，今天又虚度了一天，我明天早点上班补上。"

121

困局管理

然而，第二天他还是老样子。更糟糕的是，在他的影响下，整个办公室的其他同事，几乎跟他一样，口号喊得比谁都响，行动起来一个比一个慢。造成的后果就是吴青所在部门集体工作不达标，没有部门奖金，更没有个人奖金。每个人年底前看着其他部门发奖金，除了羡慕、嫉妒外，就是一堆牢骚，但过后还是不改。

考虑一千次，不如去做一次；犹豫一万次，不如去实践一次。吴青之所以能走出"行动困局"，是因为后来辞职离开了那个环境。所以，当我们发现自己陷入"行动困局"时，必须想办法走出来。

我们可以从以下三个方面开始改变：

1. 主动离开阻止我们行动的人和环境

环境对一个人的影响很大。这就好比我们要做一件事情，如果分别跟不同的人商量，那么得到的绝对是两种具有天壤之别的回答。这就是古时的孟母带着到了上学年龄的孟子三次搬家的原因。

环境决定思维，思维决定行为，行为决定习惯，习惯决定结果。我们所在的环境决定我们未来的命运。罗伯特·清崎说："宁可在富有的朋友里暂时贫穷，也不要在贫穷的朋友中暂时富有，死也要死在富人怀里。"我们想要往哪个方向发展，就寻找适合我们发展的环境。

2. 改变不了环境，就改变自己

吴青能从"行动困局"里走出来，最大的因素之一就是他改变了自己。他说，改变自己非常难，当初他离职时，虽然他所在部门的工资福利低于公司其他部门，但是整体的工资水平在同行业中依然是比较高的。而且在这里工作很安逸。用时下最流行的话讲就是，基本实现了"从'躺平'到'躺赢'"。但是，他不想在懒散的公司待下去，因为那样无异于"温水煮青蛙"。他想，既然一时改变不了公司，就设法改变自己。在考察过同行业的发展前景后，他终于果断地换工作了。

3. 给自己一个理由，坚持做一件事情

万事开头难，因此，在我们开始行动时，要找一个能刺激到自己痛点的理由。就像我的表妹，想到自己有那么好的文字功底，却让没上过大学的高中同学甩得远远的，她实在是不甘心。这种刺激推动着她不断前行。即使写出的文字没有被采用，也要为了养成写作的习惯继续写。天长日久，就会发生质的变化。

这就像"荷花定律"。这个定律是说，一个池子里的荷花每天开放的速度都会是前一天的两倍，直到第三十天时，荷花开满一整池。

很多人认为荷花开满半个池子时是第十五天。但真实的情况是第二十九天，也就是说最后一天荷花就从前一天的一半，开满了整个池子。

荷花定律告诉我们：凡事要坚持下去，打好基础，才能厚积薄发。可很多人连第一步都懒得迈出去，总是找各种理由给自己开脱，两三天激情过后就放弃了，所以成功者是少数。

每一个成功者身上都有荷花定律的影子。很多人往往只看到了成功者在成功的那一刻眼眶里激动的泪水，却没有看到他们在这一天到来前身上流下的汗水。每一个成功者都付出了漫长而艰辛的努力，只是这些努力积累到了一定程度就会突然爆发，这才成就了他们的辉煌。

02

先行后思，以行为主

子贡问君子。子曰："先行其言而后从之。"这句话的意思是：子贡问孔子，什么是君子。孔子说，君子就是先行动，先做事，行动完了，再说。

行在言先，言随行后，先做后说，这是一个人做事的正确方式。

比尔·盖茨创办微软，任正非创办华为，马云创办阿里巴巴，扎克伯格创办Facebook社交网站……他们都是先行动，在行动中用实力和耐力创造机遇后获得了成功。相信他们在开始做这件事情时，并不见得有先见之明，也不一定能完全预测所做的事情会影响全世界。

由于比尔·盖茨喜欢计算机，他从喜欢计算机那天起，就为了能够有更多的时间接触计算机而付诸行动，从而为自己创造了接触计算机的更多机会……

任正非在40岁时遭遇中年危机，失业、离婚的他负债创业是从两万元起步的。现在，很多人创业是为了提高生活质量，或者在时机成熟时实现多年的梦想，或者有了资本的支持后做"一本万利"的生意。那时的任正非创业是为了让自己和家人生存下去。他跟父母住在简陋的出租房里，为了多赚点钱给家人和工人，带头在公司夜夜加班。这就是现实，这就是生活……

马云更是一个行动派。学业、工作不顺的他，一直不放弃，用自己的行动坚持着。即便是创业，他也是想做就立即做，边行动边寻找新的商机。有了新的商机，他又立刻付诸行动，直到做成功了阿里巴巴……

扎克伯格刚开始也是心血来潮，突然想做一个网站。

他甚至没有想明白这个网站的前景如何,盈利点在哪里,如果做砸了该怎么办……

他们带着各自不同的目的先行动起来,再根据行动的结果思考调整前进的方向。可以说,他们的成功,离不开先人一步的行动力。

很多人到老了会遗憾,感叹年轻时太过平庸,后悔错过了很多圆梦的机遇。之所以后悔,不是因为没有努力去追梦,也不是做错了什么事情与梦想擦肩而过,而是什么都没有做,只是在心里想了无数次,在梦里呼喊了无数次,仅此而已。

很多时候,他们对于自己计划要做的事情,是想了又想,左等右等,直到自己以为的"成熟"机会来了,才去行动。

在等来的机会中,行动的结果有两种:一种是由于考虑太多,行动过程中稍有阻力,就因为害怕承担未来不可测的风险而放弃;另一种是在以为很安全的情况下行动时,发现其他人已经捷足先登,由于自己行动晚了,失去了最佳机会。这么一来,很安全的行动造成了"很安全地"失去机会。

第三部分 行动困局

束缚你手脚的是臆想，敢于跳出"空想"的框

正因为有这种规避风险的行动，导致很多人与眼前的机会擦肩而过。人们常挂在嘴边的一句话：机会永远是留给有准备的人。这句话真正的意思是：并不是我们准备好了，或者时刻准备着，机会才会到来，而是在机会没有到来时，我们早就在持续行动，这样机会来临的时候，已经积累了丰富经验的我们才不会错过。

十几年前，有个做策划的朋友向我抱怨他们公司待遇低，还总是把难缠的客户分给他。那时，依他的资历，完全可以成立自己的工作室。我建议他自己创业，可他总是说不行，创业需要机会，得再等等。

这一等他都45岁了。由于公司效益不好，他享受不到每年涨500元底薪的待遇了。看着年龄增加、物价上涨，唯有工资不涨，他想辞职创业，却发愁没有合伙人。后来他有位前同事决定创业，想与他合伙。他却说创业毕竟有风险，想再考虑考虑。

这一考虑又是五六年过去了。50多岁时，他因公司调整被劝退，他拿到了一笔数目可观的补偿金。于是，他打算再加上积蓄做个投资，再在同行业找一份稳定的、够吃

饭的工作。因为对工资要求不高,工作很快找到了。但还没有上班,他意外得知,这是几年前想跟他合伙创业的同事开的公司。

他大受打击,找借口拒绝了这份工作,并向我感慨命运太不公平,说当年这个同事的业务水平跟他相比差远了。

听着他的抱怨与慨叹,我不知道应该说些什么。其实,他代表着包括我在内的一类人,我们凡事小心谨慎,前怕狼后怕虎。年轻的时候,以打工为荣,由于不用像老板因发不出工资而那样失眠,不用为了公司缺少资金而愁眉不展……只是在看到自己多年不涨的工资时才有一种要为自己努力一把的冲动,然后想过很多个改变现状的方法,发誓明天就行动。

结果到了明天,却为自己找个"不行动"的借口,继续想,继续拖,最后拖到不能再拖,再用一句"命运不公"为自己的不行动开脱。

歌德曾经说过,采取一个改变命运的实际行动,比一千个苦恼、一万个牢骚都顶用。简单地说,行动比空想管用,可以改变命运。

滴水之所以能穿石，并不是因为每滴水知道能把石头穿透，而是水珠在无数次滴下来时才发现，自己居然能把坚硬的石头击穿。

如果我们相信滴水穿石的力量，那么从现在起，就先行动起来，做我们喜欢的事情。在我们迷茫、犹豫时，不要去想做这件事情是否会失败或成功，这件事是否值得做。而且在心里告诉自己，只要我们想做一件事，什么时候都不晚。

72岁时才被周文王发现的姜子牙，47岁才做了小小亭长的刘邦，88岁才开始创业的肯德基创始人哈伦德·山德士，27岁才正式开始学画画的著名画家齐白石等，他们在他们所处的时代都是行动派的鼻祖。

曾国藩说，天下事当于大处着眼，小处下手。就是告诉我们，天下之事应从大事上着眼，从小事上着手办理。明白了这个道理，就要设法提高自己的行动力。

要想提高自己的行动力，我们可以从以下几个方面来做：

1. 写一个行动计划

写一个行动计划，具体到每一个细节，把每一步该怎么做都安排好，最终形成惯性执行力。对自己想做的事情，立即找具体的、可实现的方式，先行动起来再说。

2. 让立即行动成为习惯

先行动起来再说，也就是直接上手做事，不拖延，这样我们会慢慢养成一种让自己终身受益的习惯。不要想曾经的失败，重要的是把握现在、不怕失败，不管过去如何，当下我们只要开始行动、持续行动，早晚有一天会抓住机会实现目标。因为迟开的小花也能结果，而且有可能结出更加珍贵的果实。纵然是华丽的跌倒，也胜过不去尝试，事后后悔！

3. 把小事做细、做透

所有的大事都是由无数件小事组成的。不要小看我们眼前的每一件小事，力求做好每一件小事。当我们把小事做透的时候，在做大事时，自然也会把握十足。

4. 实现一个小目标

制定一个短期容易实现的目标，并做好每一步实施的计划，去实现这个小目标。这不但不会过多地损耗我们的意志力，还能够让我们从中提高自己的自信心，获得精神上的满足感。

5. 做时间管理大师

做任何一件事前都要给自己设置一个时间期限，在这个时间段里，要心无旁骛、全身心投入，这会大大提高我们的行动力和效率。久而久之，这种做事风格会成为习惯，能有效提高我们的行动力。

03

"穷得很稳定"时,"瞎折腾"更有意义

一个朋友跟我讲了他之前的一段经历:

有一次他跟几个朋友在一起打麻将时,接到小舅子的电话,让他赶快准备一下,到小舅子朋友的公司去面试。

这个公司待遇很好,而且公司老板招人时会先在朋友圈发布招聘信息。机会难得,小舅子第一时间告知他,并且发来了公司的地址——离他家也不远。

受高薪吸引,他跃跃欲试。而当他准备离开时,其他朋友不满了,半开玩笑地调侃他:

"你这个人重财轻友,大家玩得好好的,你突然离开算什么事?"

第三部分 行动困局
束缚你手脚的是臆想，敢于跳出"空想"的框

"那家公司我听说过，虽然赚得多，但实在是太辛苦了。钱这东西，生不带来，死不带走的，没必要受那个累吧。够花就得了。"

"坐下坐下，大家都'穷得挺稳当'的，你'瞎折腾'干吗？"

最后一句话，把大家都逗笑了。他在笑过后，还是决定离开，但是大家硬是拉他打完一圈后才放他走。

由于他晚去了一会儿，错过了那次招聘机会。家人责怪他，说他是被那几个打麻将的朋友耽搁了。但他经过反思，得出一个结论：阻止我们行动的没有别人，只有我们自己。

当时朋友们阻止他时，他本来也有点犹豫，而朋友们的挽留正合他意，他就借此"就坡下驴"，留下来继续打完那一轮才去面试。

在他看来，穷人不一定懒，但懒人一定穷。这几年来，他家的经济状况十分糟糕，家中的电器几十年没有换新了，坏了，甚至都懒得送去让人维修。他躺在沙发上刷手机，或者跟朋友打麻将，一玩儿就是一个通宵。

每次有亲戚朋友给他提供工作机会，或者提议他做点

小买卖时，他都会以"没文凭，没钱"为借口拒绝。事实上，当初跟他一起初中毕业的同学，很多都利用业余时间学习并参加自考，获得了大学文凭。

偶尔跟人闲聊，提到这几年过得紧巴巴的生活时，他也是以"没钱，没办法做事"为借口反驳，一副"我穷我有理"的姿态。

后来，他醒悟过来，他觉得自己是咎由自取。终于有一天下午，他抱着"只要给钱就干"的心态，骑着自行车到外面去找工作，没想到很快就找到一份卖苦力的工作。

因为工作是计件的，干得多，提成就多。他给自己制订了每天的赚钱计划，就是每天必须干够多少件。他还算出了一个月拿多少钱。他要攒够一笔钱，将来开个小餐馆。他家就住一楼，他的邻居们都把自己家的房子改建成门面房租出去了，而他以前是懒得改建，觉得麻烦。

他想，怎么也是穷，还好有力气，瞎折腾呗。一年后，早出晚归工作的他，终于用积攒的钱如愿开了一个早餐摊。

做早餐需要在凌晨两三点起床干活，到上午十点多结束，虽然很辛苦，但一早上赚的钱也很可观。中午他休息一会儿，晚上又摆摊做烧烤生意。因为没有房租，第一个月他净收入上万元。

赚钱也能上瘾。他"野心"开始变大，装修了门面房，招了几个服务员，实现了开小餐馆的梦想。

如今的他，又开始琢磨着用开小餐馆赚来的钱去做其他事情了。他跟我说，想起以前那种"穷得很稳定"的生活，感到后怕；人一旦穷习惯了，思维也会变得古怪起来，总觉得做什么事情都必须有足够多的本金，没有这笔钱，什么事情都不能做；而且一想到要拿出这笔数目巨大的钱，感觉自己这辈子都不可能实现梦想了。

他说："当我们陷入穷的困局中时，即便有机会改变，我们也不敢尝试。穷不可怕，穷给我们造成的困局思维才可怕。"

有钱才能做事情。这种观念束缚了很多人的思维，也让他们失去了行动的能力。实际上，一个人要想做一件事情，本钱什么的真的不是问题，主要是看他想不想做，是不是付诸行动了。

有的机会是留给做好准备的人的，有的机会则是等待创造机会的人的。而对于陷入穷的困局里的人来说，即便机会在眼前，他也懒得去尝试。

人们常说，穷的时候一定要多出去增长见识，所谓出路，走出去才会有路。当我们穷得只剩下力气时，就用自己的力气去做点自己想做的事情。当我们穷得只剩下50块钱时，摆个地摊做点小生意也是不错的出路。只有行动起来，一切才会改变。当我们来到外面的世界，接触不同的人，看到不一样的事时，我们也会看到不一样的自己。

因为在做事的过程中，我们将跟每一个人交流，会得到很多信息，这些信息有的打开了我们的视野，有的打开了我们的思路，让我们醍醐灌顶，发现这个世界上处处是生机，处处有机遇。所以，有时候做一件事情，过程比结果更重要，这会激发我们潜在的能力。

我们摆脱困局后做成的第一件事，更多地体现了我们的能力和价值，后续的我们将会像吸铁石一样，吸来更多的机会。这就像金融学上的"马太效应"。

在圣经《新约·马太福音》中有记载："凡有的，还要加倍给他叫他多余；没有的，连他所有的也要夺过来。"

马太效应反映的社会现象是两极分化，富者恒富，穷者恒穷。

老子说过，天之道，损有余而补不足。人之道则不然，损不足以奉有余。

马太效应类似老子思想中的"人之道"思想，而"天之道"则代表着国家整体意志。

同样是给人打工，有的人能够成为公司高管、专业人才，有的人能成为年薪百万的职业经理人，而有的人则用一年工作获得的经验做了一辈子同样的工作，却依然没有做好。

造成这种现象的原因是什么呢？我想我上面讲的故事已经给出了答案：这跟资金没有关系，而是跟一个人的思维方式有关系。

一个人的思维决定他往哪个方向行动，他行动的结果决定他的格局。对于有大格局的人来说，他们是站在了山顶，看得远，懂得规划；他们敢想，想了就立即去做。

我们常说，救急不救穷。升米恩，斗米仇，讲的就是我们跟亲戚朋友的相处之道。如果亲戚家有了困难，我们借钱给他,帮他渡过难关,他可能会感激我们。但是,如果他一有困难我们就不假思索地借钱给他,时间长了,他可能会觉得是理所应当。一旦不借给他钱了,他可能还会记恨。他不想办法解决生活困难,只是一味地索取,花完了再要,就是一个无底洞。在当今社会这样的人不在少数。

总之,我们若不改变,不破"穷得很稳定"的局,就会一直困在里面,并且会一天比一天穷。

人越有钱,就越要努力。人越懒,就会越穷。人不能让自己闲下来,否则越闲越懒、越懒越穷、越穷越废。请记住,物竞天择,适者生存。身体和灵魂总要有一个在路上。

《易经》有云:"人贫不语,水平不流。"这句话的意思是:人越在贫穷的时候,就越要懂得少说话多做事,要学会暗自下定决心,有志气、有勇气地去寻找梦想。

所以,要走出"穷得很稳定"的局,就要通过行动来改变。具体来说,要从以下几个方面做起:

1. 走出去，主动寻找机会

马云说：宁愿出外碰壁，也不愿在家面壁。人闲百病生，越闲越懒惰。一个人太闲了，不但对身体不好，还会缺乏斗志。每天没有目标地虚度，时间一长，人就废了，变得消沉萎靡。

还有一句话说，再穷不过要饭，不死终会出头。前半句话是告诉我们，即使要饭，也需要我们付出行动；后半句话是说，只要活下来，不放弃努力，总有一天会有出头之日。

这些话都告诉我们一个道理：要想扭转穷的困局，就必须主动走出去。树挪死，人挪活，穷吵闹，富安然。穷时要离开家出去奋斗，凭本事赚钱，这样既能喂饱肚子，也有了底气，总好过待在家中无所事事、胡思乱想。

2. 不断修正自己赚钱的路径

赚钱后要有规划和目标，这样我们的行动才更有动力。就像我前面讲的那个开小饭馆的朋友，钱再少，打理好了，

困局管理

也能或多或少增加自己的财富,为创业积累一笔本金。保持这个赚钱的习惯,不断修正自己的赚钱路径,争取让自己的每一分钱都去为自己挣钱,让我们的财务变得越来越自由。

04

选择"躺平",是为了以后能"躺赢"

"躺平"是2020年最火也最有争议的网络词语了。我们从字面上来解释这个词,是"人累了,平躺着休息"的意思。

但是,很多人把这个词理解为"不想奋斗了",然后引申为不结婚、不买房、不生娃、不消费、不工作……只要能维持生存的最低标准——活着就好。

虽然这部分人"躺平"也的确有那些意思,但还包含了一些"清醒",当下居高不下的房价和"天价"彩礼等,都是摆在眼前的压力。

结了婚后,又得生娃,供房贷、养娃……这就得透支身体拼命工作。只要生命不止,就得努力工作赚钱。实际上,即便我们24小时连轴转地工作,工资也仅仅能维持家用。

因此,这部分"清醒"也是对自己的一种疗愈,毕竟身体是自己的。很多家庭都很普通,面对"天价"彩礼和高昂的房子,都是掏空了家底,甚至负债累累。于是,很多人开始选择"躺平":既然拼了命也买不起房、还不起房贷,那就干脆不买了;既然结不起婚,那就索性不结了,单身也挺好。

让我能够如此深刻地理解"躺平"这个词的,是我的一个朋友的遭遇:

这个朋友是85后,是做销售的,他爱人在公司做管理工作,夫妻俩在他们所在的省会城市打拼,收入高也很稳定。前几年贷款买了大房子,还把父母接来照顾上幼儿园的孩子,一家人的小日子过得很滋润。

夫妻俩是标准的"穷二代",也是典型的靠着透支身体赚钱养家的"拼命一族"。我经常看到他在深夜往微信朋友圈发信息，说他在加班，或者在外地出差，偶尔发个自拍照，照片上的他虽然充满激情，但显得很憔悴。

他曾告诉我，说他往微信朋友圈发信息，就是想让家人和公司老板看，家人知道他的情况会放心，老板看到他的工作状态会安心。

翻看他的微信朋友圈，会发现满满的正能量，都是加班工作、挑灯苦读、在跟客户谈判的路上、终于搞定一个难缠的客户、公司新产品做宣传，等等。看着他的微信朋友圈，再对比一下我其他朋友往微信朋友圈发的"吃喝玩"，以及一些要"躺平"到老的文字和精致的自拍照片，我不由得感叹：人的选择真的很重要，但努力跟不努力的人，生活水准还是区别非常大。

那些以"吃喝玩"为主的"躺平"的朋友，虽然住在出租房里，精神状态却棒极了。但是，我还是觉得85后的朋友生活过得更有意义。

有一段时间，那位85后的朋友突然不再往微信朋友圈发信息了。我点开他的朋友圈，发现他最近的一条消息是在半个月前发的。我首先想到的是他最近可能工作太忙了，就没有在意。

直到我们共同的一位朋友告诉我，他出事了。

有一次，在上班路上，他突然倒在了地铁里，旁边的乘客及时拨打了120急救电话，也有从医的乘客对他实施了急救，但还是没有挽回他年轻的生命。

据一位目击者回忆，他临死前只说了一句话："下午不能拿生日蛋糕了。"

那天是他女儿的生日。

他的突然离去，震惊了我们这些朋友。这时我才知道，他家人之所以没有通知我们，是因为他们的情绪已经达到了崩溃的边缘，父母妻女不相信也无法接受他突然去世的事情。

我想起他多次跟我说过，等忙过这些天，他就找我们聚聚，放松一下。他偶尔也向我提到，工作压力大，加班多，身体快吃不消了，公司以效益不好为由，两年不涨工资了。他有时想辞职歇几天再找新工作，又担心辞职后不能立即找到工作。但房贷得月月还，一家人的吃喝花销也很大,他爱人那点儿工资根本不够。

"一想到要还 20 多年房贷,就不敢乱想了。谁让咱没本事呢,如果不上班,连这点工资也没有,一家人喝西北风啊。"每次看到这句他发在我微信上的话,我都忍不住流泪。

如果他在累了时,能休息几天,或者他每天不那么拼,少熬夜加班,是不是会好一点?

这个时候,我能理解朋友圈那些在"岁月静好"中的"躺平一族"了。羡慕他们累了就辞职在家做自己想做的事情,等身体和精神恢复好了,再去上班。或者钱够花时,不想上班了,就辞职不上班,没钱了、心情好了再另找工作去上班。

从这里来看,"躺平"确实是比较好的休息方式。

人生在世,身体是最重要的。假如我们把身体健康比作数字"1",汽车、钞票、房子、家庭、事业、荣誉、地位都比作是"0",那么只有身体健康的"1"存在,后面这些"0"才有价值。

可以说,健康的身体是一切的基础。为了健康,任何形式的养精蓄锐，都值得尝试。所以，对于确实累了的人来说，"躺平"不失为明智的选择。在这段"躺平"的日子里，修身养性，强身健体，也是给自己养精蓄锐后的重新出发作准备。

美国著名的民权运动领袖马丁·路德·金曾经说过："如果你不能飞，那就奔跑；如果不能奔跑，那就行走；如果不能行走，那就爬行；但无论你做什么，都要保持前行的方向。"

我有个朋友，32岁了，有一段时间他工作压力很大，经常失眠，后来严重到需要依赖吃安眠药才能入睡。由于公司陆续裁掉了已过35岁的同事，所以他的压力来自"35岁即将到来"。

那时，不管是同事主动离职，还是他们被公司劝退，他心里会失落很久，每到晚上就恐慌，想到自己还有3年就到了35岁，想到如果自己被裁员了还能干什么。

他觉得，受年龄所限，他恐怕很难再找到年薪这么高的工作了。他担心，如果其他公司也有年龄限制，他怎么办？房贷怎么还？怎么养老婆孩子？年老的父母怎么养？

这一连串的问题让他很焦虑。为了能留在公司，他恨不得一天也不休息。而工作中的事情又多，有一次他接连3天几乎加班到天亮。

他的工作是脑力劳动，长期下去身体吃不消了。他每天上班感觉身体不是自己的，白天亢奋，晚上累得饭也不想吃，想躺在床上睡一会儿，但怎么都睡不着。

当时他真的想休息几天，即便在家什么也不干，发呆也行。可是，他不敢。他就这样通过严重透支身体的做法，换取了在这个公司的地位，升到了部门总监。可在他40岁的时候，还是因为公司调整部门和业务结构而离职了。

趁着这次离职，他决定给自己放一次长假。他用节衣缩食攒下的积蓄应付房贷。虽然刚开始还会焦虑，但晚上不再失眠，腰也不疼了，颈椎也不酸疼了，胃病也有所好转，并且养成了每天晚上十一点前上床休息、早上六点起床活动的习惯。

他感觉整个人的精气神跟以前的自己不一样了。亲朋好友都夸他年轻、精神了。

休息的这段时间里，他对自己的将来做了规划，决定再工作几年就创业。有了明确的目标,他的行动就有了动力。

他找工作也很顺利。虽然新工作的工资待遇跟以前的工作没法比,但是他坦然接受了。

新公司离家近,不用开车,坐地铁只需半个小时,也省了油钱和停车费。中午饭自己带。这么一节省,就省出了差不多一半的房贷。

这份工作他做得很开心。心顺了,工作就顺,他轻松地就能完成工作。后来随着业绩的提升,他的工资也慢慢地涨起来了。几年后的他之所以能够心平气和地创业,是因为他觉得能够把握好休息和工作的度,知道这两者之间是相生相息的。

有时候,好好休息是另一种形式的行动,或者是为了保证自己以后的行动更有价值,最终实现"躺赢"。

所以,不要被任何人的言论"带节奏",要以自己的身体为主。记住,不管什么时候选择"躺平",其意义都在于以下几点:

1. 真正为自己的身体放个假

有人说，之所以会遭遇人生的低迷期，是因为我们的身体在向我们求助，才让我们在这段时间成为无人关注的小草。这个时候，我们要做的就是自我调节——放松身心，看书、锻炼，怎么开心就怎么做。

2. 做自己想做的事情

在现代这个快节奏的时代，只要踏上职场，我们很可能就没有多少时间做自己真正感兴趣的事情了。此时正好利用这段职业"空窗期"，去做以前想做却没时间做的事情。

3. 给未来做个规划

每个人都要向前看，未来还有很长一段路要走。要给自己做个清晰明了的人生规划，有了规划，就有了动力。用这段"躺平"的时光蛰伏，积蓄力量，等到机会来了就能厚积薄发。

4. 多做理性的思考

多花时间思考这个问题：在我的一生中，对我来说，最重要的事情是什么？或者说有什么事情值得我用一生的时间去坚持？反复想这个问题。想通了以后，我们就不会把接下来要做的工作当作负担了。这也会让我们愿意花费更多的精力，去做对我们来说值得去做的事情。做好了这些，不管成功与否，我们都是快乐的。

05

在低谷时突围,拒绝努力的"通货膨胀"

每个人都会经历一段人生低谷,而我们对待低谷的态度,决定了我们以后的生活质量。

有的人把低谷当作遭遇了滑铁卢,从此一蹶不振;而有的人在低谷中磨炼自己,越挫越勇,最后不鸣则已,一鸣惊人。

诚如巴顿将军所说,"衡量一个人成功的标志,不是看他登到顶峰的高度,而是看他跌到低谷的反弹力"。

我这里提到的人生低谷,是指我们生活中所遭遇的任何低潮时期,包括事业受挫、工作不顺、家庭变故、身体患病等,也就是在自己看来陷入万劫不复的境地,或者自己感到人生无望、难以翻盘的那段黑暗时光。

历史上在低谷中崛起而有大成就的有很多,例如,越王勾践、孙膑、刘邦、韩信、司马懿、朱元璋等。

与古时的名人相比,和平年代的我们遭遇的低谷,就显得微不足道了。但是,对于我们普通人来说,生活中的一些挫折,对我们的杀伤力还是很大的。

我亲戚家的孩子,从上小学到大学,一直是全校排名前三的"学霸"。他对学习几乎痴迷到"可以一日无肉,绝不能一日不学"的地步。他的生活轨道是一个圆:学习—吃饭—上卫生间—学习。

每次考试,他的总分都比全校第二名的学生高50多分,一次次刷新了历年总分的纪录。

就是这样一个令同龄人望而却步的"学霸",也曾多次向我倾诉心中的苦闷。他对我说,他正计划报考北京某名校的研究生。经过多方咨询,他发现报考该校的研究生人数每年都在上涨,数量惊人,而且大多数考生都来自全国各地的重点大学,考上非常难。

我安慰他,以他目前的学习成绩,应该还是有优势的。一向自信的他却担忧地说,山外有山,人外有人。他觉得这次报考研究生将是他求学路上关键又惊险的难关。

他说的不无道理,学校每年招的研究生名额有限,但报考的却有上万人。

在同一条起跑线上的他们,唯有成为跑在最前面的那几个人,才可能有考上的机会。

现在他的对手是全国数以万计的尖子生,除了通过刻苦学习与他们比拼外,他没有其他途径。

自从他计划考研究生后,他几乎是着魔了一样学习,就连吃饭、上厕所,他也要拿着书看,把几本厚厚的英语词典、汉语词典都翻烂了。

看到他学习如此拼命,周围的人心里早已认定他就是这所名校的研究生,认为他一定能考上。这也让在一次次考试中不断刷新成绩的他,重新找回了自信。

然而,踌躇满志的他还是在考试中因一分之差落榜了,无缘他心仪的名校。

对于从小到大一直在学习中"称王称霸"的他来说，这次失败几乎是他学业生涯中的唯——次，可以想象他那种无法用语言描绘的绝望。

有很长一段时间，他不再像以前那样以学习为主，而是每天下午放学后跟同学一起去打球。打完球一起去食堂吃饭，有时还一反常态地刷手机，玩网游。

那段时间，大家看到他落寞的样子，以为他会因此而一蹶不振。他的同学看着他的变化，心里激动又高兴。没有了"学霸"的"威胁"，大家玩得更理所当然了。但是不管是什么样的考试，他依然稳居全班甚至全校第一，分数也没有降低。

同学们找他取经，他说，上次研究生考试落榜一事，确实令他郁闷，也赌气放松了几天。在放松的这几天里，他发现运动过后再学习效率更高，于是自己制订了一套劳逸结合的学习计划。

他决定明年再考一次，他说还真不信这个邪，非考上这个学校的研究生不可。不过，万一再考不上，他就实行第二套学习方案,考另一所学校的研究生,学他喜欢的专业。

他总结道:"我想得很明白,有两个选择摆在我面前:要么遗憾到老,要么孤注一掷。要想飞得更高,就要成为一只叱咤风云的鹰。因为我还年轻,我现在的选择是想飞高,所以需要做出孤注一掷的决定。"

他觉得自己要做的是提高努力的质量,不让互联网上流行的"内卷"影响自己。拒绝努力的"通货膨胀",最好的方式是在备受打击的情况下,确定可行性的努力方向,根据自己的实际情况不断调整学习状态,让学有所获,学有所成。

古人说,一个人能承受多大的苦,就能享受多大的福,否则就很容易"德不配位"。现在的年轻人面临的困境主要来自学习和工作。因为"资源"有限,很多人没有优势可获取,唯有通过智力和高效的努力获取"资源"来改变命运。

成人的世界必须遵守"丛林法则"。每个人为了生存,为了更好地发展自己,为了过上更好的生活,需要像上紧发条的钟表一样,一刻都不能松懈。

随着社会的不断发展，各行各业的竞争越来越激烈，每个人都在负重前行，为了几斗米而拼搏。这种周而复始又劳累的生活，有时候会让我们快要撑不下去了。但是，只要我们坚持，挺过去，就能迎来美好的生活。

日子在我们多次想放弃却最终坚持下来的重复中流逝着，从糟糕到不能再糟糕时又好起来。当我们在生活的低谷中迎难而上、努力抗争时，就激发了自身的潜力，调动了自己的能力，从而让自己的努力变得有价值，最终有所成就。

所以，跌倒并不可怕，可怕的是跌倒后再也站不起来。

没有任何人的人生路是一帆风顺的，那些真正成功并能持续成功的人，都是拥有惊人的反弹力和高逆商，他们大都屡败屡战，而且越挫越勇。

面对困境，倘若我们只会自我怀疑、自怨自艾，便会陷入无尽的困局中。但是如果我们怀有坚定的信念，为了实现梦想积极付出努力，便能抵抗一切消极情绪。当我们行动时，也许我们会遭受质疑和否定，因为那些自甘平庸的人不会重视我们的梦想。但是，不要害怕别人的打击，

> 第三部分 行动困局
> 束缚你手脚的是臆想，敢于跳出"空想"的框

要听从自己的内心，聚焦到自己内心深处最强烈的渴望上，学会过滤不合理的建议，然后用行动来证明自己的价值。

不管是面临失败还是跌入低谷，都是我们人生不可或缺的经历，因为"水满则溢，月满则亏"，得意和失意，都是客观存在的现状和规律。人有春风得意的时候，也难免会有失意、落魄的时候，所谓"十全十美""万事顺利""一帆风顺"都只是一种祝福和期望罢了。

纵观古今中外，那些能留名青史的大人物，没有一个是一帆风顺能获得成功的，往往都是经历数次失败和挫折，最终才走出低谷，守得云开见月明。

莎士比亚说，有力的理由造成有力的行动。失败和低谷是人生必不可少的，只有走出努力的"通货膨胀"这个困局，我们才能大踏步往前走。

面对这种困局，我们要做到以下几点：

1. 越是遭遇失败、陷入低谷，越要努力奋斗

约翰·菲希特说："行动，只有行动，才能决定价值。"

一个人要想获得成功,很重要的一点是学会永不放弃,在困难时坚持不懈、锲而不舍;在遭遇失败的打击,陷入人生低谷时,要激发自己不屈不挠的精神,继续努力奋斗,直到战胜失败,走出低谷。

2. 抱着现实主义态度,做好充分的心理准备

内心真正强大的人,也可能会有理想化的一面,但在做事时,肯定很务实。尤其是在遭遇失败、陷入人生低谷时,他们会客观地分析自己所遇到的情况,理智地去面对,去寻找出路,而不是逃避和退缩;他们不会低估失败,而是会冷静地面对打击,做好充分的心理准备迎接挑战。因为他们知道,如果不这样,越挣扎,反而可能会陷得越深。

3. 脚踏实地,一步一步去做

面对失败和人生低谷,我们既要避免心浮气躁,盲目出击,也不要想着一蹴而就,而是要脚踏实地,一步步地实现自己的计划和目标。这也是吃一堑长一智的道理。

4. 争取得到他人的帮助

　　一个人的力量是有限的,有些失败和人生低谷,仅仅靠自己一个人很难战胜和走出去。这时,既要学会主动出击,也要争取别人的帮助,不要把面子太当回事。一定要记住,能在低谷时找到自我救赎的方式,也是一种成长和自我突破。

5. 在失败和低谷中寻找机会

　　我们要知道,失败并不可怕,低谷中也并非没有阳光,也有平日里美妙的风景。这种风景源自我们的奋力挣扎,以及敢于尝试突破困境的勇气。所以,我们要学会积极地在失败和低谷中寻找机会去破局。

06

"第一个吃螃蟹的人",是如何行动的

清代文学家彭端淑在《白鹤堂集·为学》中说过这么一句话:"天下事有难易乎?为之,则难者亦易矣;不为,则易者亦难矣。"意思是说:天底下的事有困难和容易的区别吗?只要肯付诸行动,困难的事也会变得容易;如果不躬行实践,容易的事也会变困难。

十几年前,表弟对我说,他将来想从事计算机行业。他从小就对机械类的东西感兴趣,高中学的也是理科。那

时候他家有一台老式电脑,在他的鼓捣下,电脑变得非常好用,一度成为我们查阅学习资料、跟外界沟通优先使用的工具。

那时他的理想是将来从事计算机软件行业,当一名软件工程师。不巧的是,他上大学没有考上这个专业,但他业余时间一直没有放弃,利用一切机会学习相关知识。

大学毕业后,虽然他从事的职业与计算机不沾边,但他一直嚷嚷着要转行。

由于当时他的工作待遇不错,虽然有过多次转行的机会,但他担心转行后收入会下降,就一直犹豫着没换。他说,他向从事这个行业的朋友咨询过,虽然这一行市场发展前景不错,但是有年龄限制,一到35岁有可能就会被淘汰了。

他可不想快到中年时被裁员,跟刚毕业的年轻人一样再投简历找工作。他现在的工作跟专业相符,又有多年的工作经验,待遇是他最满意的。

"不管做什么,还不都是为了赚钱嘛。"他说,"如果转行,我要不停地学习,还充满危机感。哪像我现在的工作这么安稳,不用经常学习,光凭着积累的经验就可以胜任工作了。"

我心里明白，他说这么多，无非是没有勇气转行。

前段时间我听母亲说，表弟所在的公司受疫情影响正遭受减薪、裁员，他为此事非常焦虑，担心被辞退。

有时候，我们不行动的原因，可能是不想改变自己的现状，觉得自己目前的处境不错了。这就像温水煮青蛙一样，刚开始很安逸，殊不知，这种看似平静、无惊险的处境，恰恰充满了危险；当水温慢慢开始升高后，也就失去了逃生的机会。

由于时代在变，我们也要向前看，我们想保持现状、停滞不前，但环境不是这样的。时代就好比一列驶向远方的火车，如果我们一直停留在原地，就无法跟上时代的步伐。

所以，任何一次行动需要的不是积极的想法，更多的是改变现状的勇气。当我们越恐惧时，越要付出行动。因为行动是治愈恐惧的良药，而犹豫、拖延会不断滋养恐惧。

人们喜欢把那些成功的人比喻成"第一个吃螃蟹的人"。而"第一个吃螃蟹的人"是如何行动的呢？

据说几千年前，河里有一种双螯八足、长相凶恶的甲壳虫。虽然这种甲壳虫跟鱼类一样生活在水里,但人们不敢把它们跟鱼类相提并论,因为这种甲壳虫挖洞会使稻田缺水,还会用螯伤人,因此被人们称为"夹人虫"。看到这种虫后要远远地躲开。

有一年江南发大水,大禹来到这里治水,派了一个叫巴解的人来督工。"夹人虫"的侵扰,严重妨碍了工程进度。巴解想出一个办法来治甲壳虫,他先在城边掘了一条围沟,再将沸水灌进围沟里。"夹人虫"一过来,就会纷纷跌入沟里被烫死。烫死的"夹人虫"全身变红后,居然散发出一股诱人的鲜美味道。

由于人们平时害怕这种夹人的甲壳虫,即便死后的甲壳虫散发出香味,大家仍然不敢近前,担心被虫子伤害。

巴解胆子大,在好奇心的驱使下,他把甲壳掰开,闻到了更浓的香味。他大胆地咬了一口,谁知味道无比鲜美,吃到嘴里还留有余香。

从此,这种令人畏惧的害虫成为家喻户晓的美食。人们为了感激敢为天下先的巴解,在"解"字下面加个"虫"字,称"夹人虫"为"蟹",意思是巴解征服"夹人虫",是天下第一个食蟹人。

关于"第一个吃螃蟹的人"的典故,还有两个版本,这里不再赘述。总之,敢"第一个吃螃蟹的人"勇气可嘉。鲁迅先生曾称赞:"其实'第一个吃螃蟹的人',不只是勇敢,更是行动力强、敢于创新的人。"

正如人们所说,无限风光在险峰。而超强的行动力才能够让人们在冒险中创新、受益。

肯尼迪说,最大的危险是无所行动。不管什么时候,不管在什么年纪,只要我们想做一件事,就去行动。只有行动才能让我们突破困局,也只有行动才能让我们受益。

那么,我们如何提高自己的行动力以突破困局呢?我们可以从以下几个方面来做:

1. 要有自己的主见,敢想敢做

如果我们做事情有自己的主见,不轻易被别人的意见所左右,那么,我们同样能碰到改变命运的机会。当我们习惯了敢想敢做,一旦机会出现,人生就能翻盘。

2. 在遵循客观规律的基础上敢于创新

人生中最大的进步就是不断突破自我。只有具备强烈的创新意识的人，才能发挥创新的潜力和才智。创新意识，主要体现在尊重客观事实，善于理性思考，敢于怀疑，追求卓越等方面。敢于突破经验，进而突破自己，才有生存和成功的希望。几十年前，我们都不会想到支付宝、微信的出现会改变我们的支付方式。我们更不敢相信，现在出门不用带现金，只带着一部手机就可以全国自由行了。这些改变的基础，都离不开创新。

需要强调的是，我们要坚持从客观实际出发，不能仅凭一时的热情盲目地行动。

3. 敢于在失败中坚持，要有愈挫愈勇的意志力

木心先生说："所谓无底深渊，走下去就是前程万里。"有时候看似走投无路，若能够勇往直前，必定有柳暗花明的一天。而我们唯一能做的，就是坚持不懈地努力。

我们要善于行动，也要一步一个脚印地去做，做到善

始善终。虽然短期内不一定会有结果,甚至会遭遇失败,但总有一天会成功。面对失败时,不能乱了阵脚,而是一边坚持一边寻找方法突破。《吕氏春秋》中说:"石可破也,而不可夺坚,丹可磨也,而不可夺赤。"真正有志气的人,往往经得起千锤万凿,在困境和失败中越挫越勇。

第四部分

社交困局

天可度地可量，人心其实也可防

01

与人交往,你究竟害怕什么

古语云:行路难,不在水,不在山,只在人情反覆间;天可度,地亦可量,唯有人心不可防。在人来人往、聚散分离的人生旅途中,最难的恐怕是与人打交道,最难以防范的也许是人心。但是,人活于世,难免会跟各种各样的人打交道,除了家人、朋友,还有工作中的领导、同事和客户等。

随着信息时代的日益发展,我们与外界的沟通、交流变得多种多样，特别是智能手机的出现，更是为我们提供了与外界互动的便利。

然而，看似开放、宽松的多渠道联系方式，却禁锢了我们的正常社交，让我们陷入"社交困局"无法出来。例如，由于经常用社交软件沟通，有很多人在线上显得积极活跃、能言善辩，但是跟人面对面交往时，就会畏首畏尾，紧张得不敢参加一些正常的社交活动。

我认识一个供稿作者，文章写得很棒，也编写过很多本介绍如何与人沟通、交往的书，可是她平时除了参加少量亲朋好友的聚会外，拒绝参加职场上的任何活动。

有一次跟她合作的公司让她采访一个从外地来北京的企业家。这个企业家想要写一本宣传他和他企业的书，除了提供一些资料，还希望能当面跟作者沟通一些重要的细节。

当公司负责人把企业家要约见她的事情通过打电话告诉她时，她连声拒绝，甚至提出，她做不了这个项目，也不会跟企业家面谈。

"有什么话不能在微信上说呢？"她疑惑地问对方，"电话、微信采访这么方便,为什么要见面?"

实在拗不过她,公司负责人只得另找他人代为采访。事后我在微信上问她,为什么害怕跟人交往?

她回答:"就是害怕跟陌生人见面,见到陌生人就紧张,总觉得他们一心想着在我这里'索取点利益'。这也是我毕业后一直给多家公司做兼职的原因,就是不想在公司坐班跟人打交道。"

她就读的大学,是一所名校。她也算是才华横溢的高才生。正是由于害怕跟人交往,她多年来宁可从事薪资待遇不稳定的兼职工作,也不做薪资高、有保障的全职工作。

实际上,我周围有很多跟她一样的朋友。他们有稳定、体面的生活,有自己固定的朋友圈,平时聚会中,他们也挺活跃,可就是排斥跟陌生人交往。

我多次问过他们:"虽然不熟悉,可大家都一样,与他们交往,你们究竟怕什么?"

他们说,具体原因说不上来,就是不想跟陌生人在那里"尴聊",说的还净是废话,感觉是在浪费时间。

第四部分 社交困局
天可度地可量，人心其实也可防

"说废话还好点，最让人受不了的是从陌生人变成朋友后，当面谈得好好的，过后却给你一刀。"有个朋友说。他的话引起其他朋友的共鸣，大家纷纷附和。

这个朋友是公司的中层管理者，工作性质决定了他要跟很多人打交道。想当初，他也算是社交能手，跟领导、平级的同事、下属及客户沟通都没问题，他也交付了一片真心，不用领导提醒，就加班加点地赶工作，帮平级的同事代班，亲自带新来的下属，可谓是尽心尽力。

可是，他万万没有想到，只要工作中出现问题，"背锅"的一定是他，而且他工作做得越多，"背锅"也越多。最令他伤心的是，有几个他手把手带出来的"徒弟"，为了能够留在公司，竟然联合一位想取代他的下属，在领导那里"奏了他一本"。虽然未能得逞，但是这件事伤透了他的心。

从那以后，他把工作跟生活分得清清楚楚：工作时间正常跟相关的人交流，下班后不会再跟任何人有工作之外的关系。如果公司提供一些能多认识业内人士的活动让他周末参加，他也会拒绝。

用他的话说，共事多年的同事尚且为了点小利出卖他，何况陌生人。他不图对方的利，对方也别想图他的利。既然不图利，何必浪费时间？我跟家人、朋友交往，虽然在某种程度上也是图利，但这是互利。家人更爱我，也让我多跟朋友沟通感情，以后有难处了，大家相互有个照应。

虽然他的观点有些偏颇，但还是有些道理。我们与人交往，不管是生活中还是职场上，都带有各自的目的。

在某种程度上讲，社交的起点，跟我们与家人和朋友交往大同小异，也是"利益交换"。只不过与家人和朋友交往是长期性的，比较稳定。社交则是等价交换、各取所需，一旦有失平衡，轻则分道扬镳，重则对簿公堂——这样的场景在家人之间、夫妻之间、兄弟姐妹之间、朋友之间，都可能会发生。

有人说，生活是一场修行，而修行是一条充满荆棘的路。在这条路上，我们注定会遇到很多人，碰到很多困难。无论我们遇见谁，他们都会或多或少地教会我们一些什么，包括"人性的复杂"。当我们走到路的尽头，我们收获的将是人生智慧，这种智慧能够让我们了解到生命的真谛。

所以，不要害怕跟人交往，即便大家相互交流，所求可能与"名利"相关。鬼谷子早就说过：圣人居天地之间，立身、御世、施教、扬声、明名也。鬼谷子把圣人的终极目标定位"扬声明名"，就是传播名声，获得美名。

连圣人都这样，何况我们呢？

明白了这个道理，我们再同别人打交道时，就要看淡、看开一些。人与人之间交往，本质上就是社会交换的过程，说不定连我们都没有发现的自己身上的优点，对方却觉得有很大的"价值"；对方习以为常的一些见识或习惯，却启发或改变了我们……

即便此次社交于我们真的无益，我们也没什么太大损失。大不了以后少参加这些活动，事后能否再联系对方，取决于我们自己。如果我们觉得类似的活动对自己有益，例如让我们打开了眼界，了解到了新的信息，或者这个人给了我们某些方面的启发，我们就要与他继续保持联系。

摆脱"社交困局"的方法很多。以下是我总结的一些方法，希望对大家有所帮助。

1. 找出此次社交的目的

去参加某个活动和见某些人前，想想自己为什么要花宝贵的时间参加这个活动，见这些人。毫不夸张地说，社交的起点是等价交换，大家是利用此次社交各取所需。就好像我们跟亲朋好友聚会，图的是开心快乐、增进感情；如果达不到，因为情在，我们下次再见时会想办法避免。社交也是如此，找出我们的目的，即便达不到这个目的也无妨，至少积累了社交的经验，再参加类似的活动就知道如何避免了。

2. 紧张时问自己几个问题

跟陌生人见面，紧张是很多害怕社交的人常见的反应，对方可能跟我们一样，也会紧张。紧张时，问问自己：我是要见国家政要或外宾吗？我有什么把柄掌握在对方手里？是对方掌握着我的生杀大权吗？如果都不是，我紧张什么？

3. 对着镜子模拟一下自己的微笑

俗话说，伸手不打笑脸人。没有人会为难一个对他友好微笑的人。当我们觉得跟对方无话可聊时，可以微笑着倾听对方说话。但要注意，一定要耐心专注地听，该附和时要附和，该阐明自己的观点时也要自然大方一点。

4. 提前准备一些相关的资料

先了解一下要参加的社交活动的性质，或者我们要见的这些人的背景，这样，见了面可以有共同的话题。如果需要用到我们的行业知识，我们可以提前做好准备，自然地切入话题。只要能跟对方有话可聊，我们就会有收获。

5. 搜集一些关于社交的小常识

虽然社交中我们接触的事物不同，交往的人也性格各异，但是关于社交的一些基本常识还是相通的。不过，要在了解社交常识的基础上随机应变，这样更有助于我们从容地发挥。

02

初次见面,警惕那些跟你熟得太快的人

人生在世,没有人是一座孤岛。即便是独立的个体工作者,也需要跟客户打交道。这是因为每个人都不可能离开他人而独立存在。即便是在原始社会时期,为了躲避野兽,人们也会选择群居生活。现代社会更是如此,要想高效地做好一件事,就必须跟他人合作。这就是人们常说的"一个篱笆三个桩,一个好汉三个帮"。

越是成功的人,越懂得跟聪明、有才华的人合作。有

人说，一个人成功，20%靠能力，80%靠人际关系。我们有多广泛的人际关系，就有多大的机遇，就能成就多大的事情。所以，搞好人际关系在现代社会中非常重要。

在社交中，最忌讳的是跟对方熟得太快。千万不要迷信我们跟对方"三观一致""有共同话题"而"相见恨晚"。

人与人之间的交往，从陌生到熟悉，都有一个过程，想要愉快地相处，必定要在这个过程中相互磨合，相互适应。

有一次，我参加好朋友的生日聚会，同一张桌子上一位自称从小就梦想当大学老师的大姐，说见到我那一刻有一种久违的亲切感。为了和我多说话，她特意调换到我旁边的位子上，对我极尽客套，帮我夹菜，和我谈论她大学的生活，还提到上学时遇到的那些让她难忘的恩师中，都或多或少有我的影子。

原来，由于生计所迫，她高中没毕业就辍学打工养家，现在自己做生意，虽然赚了钱，但心里总觉得缺少点儿什么。

听着她满带伤感的讲述，我深感同情，极力安慰她。好在她性格开朗豪爽，对人又极热情，很快她的情绪就好了起来。

短短几个小时的聚会，我们俨然是相识多年的老友，彼此之间留了手机号、微信等联系方式。

我们约定，对方有什么困难就打电话或微信留言，即使做不到迅速回复，也会在看到信息后第一时间回复。

之后我们沟通一直很愉快，只要有时间就联系，她讲得最多的还是校园生活。我工作中有什么不如意的事，也愿意跟她诉说，她像姐姐一样给予我安慰和劝说。

仅凭着一面之缘，我就把她当作了最好的朋友。

也是由于跟她的结识，我第一次感到不再像以前那样讨厌各种聚会了。我觉得人际关系中，双方只要性格相投、以诚相待，就能成为好朋友。这无关时间，只在于各自内心所需。

那时候我尚未结婚，她提出让我帮她两个刚上初一的孩子补课。我想也没想就答应了。我是老师，给孩子补课是举手之劳。

她对我很感激，说认识我后，她的两个孩子学习成绩提升很快。我倒没觉得什么，在我看来，朋友之间帮帮忙，是应该的。

我结婚后，不像单身时那样有充足、自由的时间，但我还是保持着每个月或假期给她的两个孩子补课的习惯。

直到我怀孕时，她把两个孩子送到我家里补课。两个孩子刚上高中，急需补课打基础。每次她都要叮嘱我，务必看着两个孩子好好学习。

随着我妊娠中孕吐反应加重，家人为我的身体着想，就提议暂停给两个孩子补课。我爱人建议我向她说明情况，让她给两个孩子找其他的老师补课，只是对方可能会收取费用。

我考虑到跟她关系已经算是很好了，就如实告知她不能再给她孩子补课一事。令我万万没有想到的是，她并不理解我，说："那恐怕不行吧，现在是孩子的关键时期……"我再三解释，说实在没办法继续补课了。她听后更加恼火，当下就翻脸，生气地说："真想不到你这么自私，我这两个孩子适应了你补课，你却在他们学习的关键时刻让我另找老师，这不是耽搁孩子的前程吗？早知你这样，我当初就……"

她没有说下去，但我猜得出她接下来要说的是：当初就不该在第一次认识我时对我那么好。

从那以后,她删除了我所有的联系方式,大有"永世不相往来"的决绝。

事后我想起跟她认识后的点点滴滴,发现我对她一点儿都不了解。从认识起几天后,她就让我为她的两个孩子补课。而结束关系,是因为我不能再为她的孩子补课了。也就是说,她之所以初次见面对我热情周到,愿意跟我交往,很大程度上是因为我大学老师的身份能给她的孩子辅导功课,而不是把我看成她的朋友。

一旦我不能再帮她的孩子辅导作业,不管什么原因,我在她眼里就是一个没有"价值"的人,她就会立刻收回她的热情,至于做朋友,那是不可能的。

与人交往,最可悲的是,我们总是想当然地以为,对方喜欢自己、对自己有好感,是因为自己有一些"特别"之处,才让对方跟我们成为"相见恨晚"的好朋友。一旦我们这么想,就进入"社交困局"了。

还是那句话:世间大部分关系,或多或少带有一些主观因素。亲人之间是这样,陌生人之间更是如此。初次见面,不管对方是冷淡还是热情，对方是常怀防备之心还是很快伸出友谊的"橄榄枝"，我们都不应该在短时间内"自作多情"或"自我感觉良好"地以为自己有什么与众不同之处。

路遥知马力，日久见人心。这些古人劝勉我们的话永不过时。那些迅速接近我们的人，也可能在未来的某个时刻更加迅速地离开我们。他们短时间内不离开，可能是因为还没有从我们这里找到他们需要的"价值"。

做任何一件事情，都需要一些时间让它自然成熟，假如时间太短、没有耐心而又不甘心等待，就会"欲速则不达"，导致前功尽弃。建立关系同样如此。我们不能在不了解一个人的情况下，仅仅凭对方的几句话，就让彼此之间成为好朋友。

一段关系建立得越快，彼此的了解就越少，维持关系所需的经验和纽带就越少。我们很可能因为对方的一个眼神、一句话或做的一件小事而误解了。你不理解我，我不想解释，这样双方最终就会逐渐疏远。

诗人木心在《从前慢》里写道："从前的日色变得慢，车，马，邮件都慢，一生只够爱一个人。"经历每一段细水长流的感情，犹如品一杯好茶，淡而不涩，清香但不扑鼻，就这样缓缓飘来，又让人回味无穷。

经得起岁月洗礼，耐得住时光流转，多给彼此一点时间与空间，才会有更多的来日方长。在人际关系中，"刺猬法则"值得我们借鉴。

"刺猬法则"源自西方的寓言故事：在一个寒冷的冬天，有两只冻得瑟瑟发抖的刺猬走到一起，它们的本意是彼此靠近以取暖。可是，由于距离太近，各自身上的刺把对方刺伤了，它们不得不忍痛分开。

但它们不甘心就此分开，又尝试着调整不同的距离来靠近对方。当它们由远而近，又由近而远调整转换身体时，渐渐地找到了适当的距离。这个距离不但让他们能够取暖，还能不被对方身上的刺扎到，真正达到了既能取暖又能很好地保护对方的目的。

"刺猬法则"强调的是人际交往中的"心理距离效应"。

作为成年人，参与社会交往也是生活的一部分。因为社交的范围与我们的职业、爱好、生活方式等有关系。一个拥有正常社交的人，其与人沟通、交流的能力通常比较

困局管理

顺畅。和不同性格、不同职业的人交往，会让我们学习到很多自己职业之外的知识，从而开阔自己的视野和眼界。

可以说，良好的社交关系既有助于我们更好地工作，也能提高我们的生活质量。所以，不要害怕跟人交往，更不要困在社交的局里。

在人际关系中，要摆脱"社交困局"，需要注意以下几点：

1. 不要急于跟刚认识的人建立关系

一个人不应该从一开始就急于找另一个知己。

网上有一句话：初次见面时热情的人往往是有目的的。这不无道理。有时候，那些热情地接近我们的人，在未来的某个时刻也可能会快速地离开我们。所以，既不要在爱情中急于爱上某人，也不要在社交活动中迅速跟他人建立朋友关系，因为任何人都无法在短时间内彻底了解一个人。

那些见识过我们的自私、我们的坏脾气、我们所有不愿被别人看到的坏习惯之后，还愿意敞开心胸接纳和爱护我们的人，才是值得我们用一生陪伴、相交的人。

2. 认识他人要做到耐心、细心和真心

这个社会给我们提供了很多认识他人的平台，但不管是结交朋友，还是开始一段恋爱关系，都要从慢慢了解开始，而慢慢开始需要耐心、细心和真心。

首先，认识一个人后，我们要有足够的耐心去了解对方，花足够多的时间了解彼此的性格差异、兴趣爱好和缺点等，慢慢去适应对方的三观。

其次，在相处时要做到细心观察对方谈论的他感兴趣的话题、对某件事的禁忌，以及对于某个事情的看法和意见。了解了这些，更有助于我们在交往中建立更深厚的关系。

最后，当我们了解了对方，真正感觉到跟对方是三观相合的朋友，就可以真心地跟他交往了。

3. 对认识不久的人，少说涉及对方隐私的话

刚认识不久的人，在我们面前像是一张白纸，我们对

他们一无所知,同样,他们对我们也知之甚少。出于好奇,有些人就会不停地问对方问题,恨不得把人家的祖宗三代都问清楚。这种"查户口"式的谈话,会令人感到不舒服,也是人际关系中比较忌讳的。

所以,在跟认识不久或者关系并没有那么好的人沟通的时候,要注意把控好度,不要轻易问别人的家庭情况,不要轻易问别人的薪资,也不要轻易问别人行业内比较隐私或忌讳的事情。

一个人的言语和行为就代表了他自己,如果相识不久就问一些比较敏感的话题,对方会感到很不舒服,使交流陷入尴尬的境地。

03

拒绝不需要理由,但需要你的底线

哈佛大学曾经做过一项调查:如果一个人学会合理地拒绝,就能减少 90% 以上不必要的麻烦,更能减少大量个人时间和精力的浪费。

如果我们仔细观察周围那些事业做得不错的人,会发现他们很少像普通人那样,热衷于各类社交。功成名就的人往往奉行"时间就是生命",有些人甚至公开声明,谢绝各类媒体采访,也拒绝他人拜访。即使有人有重要的事情见他们，也只能提前到助理那里预约。

即便跟客户谈判，他们也严格限制时间。对于实在推托不了的会面，时间一到，无论对方怎么求情，也不会再多谈一分钟。

他们拒绝别人不需要任何理由，因为他们有自己的底线，即在事先约定的时间内谈事情，一旦超过这个时间，对方就得离开。因为他们还有其他事情要做。

作为普通人，我们常常被许多小事牵绊，这让我们的时间变得不值钱，甚至为别人义务做了很多自己不想做的事情。这也是很多人不愿意跟他人交往的原因。他们觉得认识的人越多，越会让自己惹上很多麻烦。

我老家有个亲戚，自小父亲就去世了，母子二人受亲戚和乡亲接济过活。他从小就喜欢做木工，为了养家，小小年纪就去工地打工，其间自学了一手好木工活儿。

成年后，他的木工技术越来越精湛，亲朋好友、邻里乡亲装修房子，都会请他义务帮忙修房子。

在他没有组建装修队时，他对大家的求助是来者不拒，常常白白搭上时间和力气。后来他成了家，为了养家，组建了一个装修队揽活儿。

由于大家习惯了不花钱请他帮忙，一听说他的装修队要收费，即便他收取的仅是成本及工人的劳务费，大家仍然义愤填膺，说他忘恩负义、见利忘义。

他很伤心，又不想让工人像他那样白出力。他就向求助他的亲朋好友提议，由他自己加班加点帮助他们装修。

他活儿做得细致漂亮，又不收取任何费用，找他帮忙的人越来越多。最忙的时候，他一天只吃一顿饭，后因体力不支晕倒在一个朋友新房的施工现场，被前去催工的朋友发现后送到了医院。

他住院期间，朋友非但不给医药费，反而怪他晕倒在他们的新房里不吉利，甚至在背后对人说，是他故意使坏晕倒在了他们的房里。

出院后的他欠了一笔住院费。更令他心寒的是，当初那些求他帮忙的人，没有一个人来医院看他。反而是他出院后，那些想要装修房子的人陆续过来看他，只不过不是问他的病情，而是来约装修房子的时间。

面对大家认为理所当然的请求，他以"身体状况不好"

为由把活儿给推了,并告诉大家,以后他们的活儿,都由装修队来承包,至于费用,会根据大家的要求适时调整,大家接受就做,不接受就另找他人。

说来也奇怪,自此以后,大家都接受了他的装修队,不但没有再找他义务帮忙,反而夸他的装修队做得质量好、速度快。看来,与之前他自己帮忙装修相比,大家更愿意接受收费高、完工快的装修队。

越是免费的东西,人们非但不珍惜,还会非常挑剔。明白了这些,就不要再害怕拒绝别人。

俗话说,"滴水之恩,涌泉相报"。但是,如果好事一次做尽,感到无法回报或没有机会回报对方而产生愧疚感的时候,对方可能就会利用这个弱点疏远我们。在做好事的时候留有余地,也许是平衡人际关系的重要准则。

不愿意帮忙就拒绝,这是我们的权利。因为如果有人把我们的帮忙当作一种习惯,我们的一再付出,只会让他得寸进尺。处理人际交往中类似问题的最好方式是懂得拒绝,这是为了以后能更好地相处,也是筛选无效社交的好方法。

当我们学会拒绝时,我们就是一个有原则、有底线的人。孔子说,道不同不相为谋。那些好意思让我们帮忙做超出我们能力范围的事情的人,也不能算是好朋友。如果对方理解我们的拒绝,后续还会联系我们,也仍然把我们当作可交之人,那么这样的人就值得交往。如果对方因此生气而拒绝跟我们再交往,那么,对方也算不上什么可交之人。

白岩松曾说:"为什么别人越来越不把你当一回事,因为你太好说话,什么事情,一找你就答应,什么东西,一要你就给。"

尽管很多人都知道"不懂拒绝"对己对人都不好,可还是难以做到拒绝别人。问他们为何不拒绝那些超越自身能力范围和底线的求助时,他们会无可奈何地说:怕得罪人,于心不忍,担心伤害对方,不利于今后维护关系……总之,他们说起不拒绝的理由来,比求助他们的人还理直气壮。既然我们认为帮助他们理所当然,就不要再有怨言了。

事实上,我们之所以有这种矛盾心理,是因为我们陷入了"别人虐我千万遍,我待别人如初恋"的困局。如果我们自己不想走出来,谁也没有办法帮我们。

困局管理

正如网上所说：

拒绝了可能会伤害别人，不拒绝受伤害的是自己！

我们不懂得拒绝，大多是近乎愚蠢的善良，当我们不好意思拒绝别人时，想想他们为什么好意思为难我们。

我从小就知道，要想不被别人拒绝，最好的办法就是先拒绝别人。

我之所以害怕拒绝别人，是因为我害怕有一天会被别人拒绝。事实证明，即使我不说"不"，他们也会说。

然而，不会拒绝的后果是：

亲情中不懂拒绝，就会变成"扶弟魔"，最后"帮"成了仇人。

爱情中不懂拒绝，就会把精力全部用在维护关系上，帮了对方又帮对方的亲戚，结果自己落个啥也不是。

一直帮着朋友，有一天没有"帮"，朋友就做不成了。

不懂拒绝客户，给客户义务做了很多工作，结果由于一件事情做得不合客户的心意，客户就拒绝合作。

职场上不懂拒绝，结果自己拿着最低的工资，干着最累的活儿。想跳槽时，发现自己根本没有拿得出手的好项目作为资本，跟打杂的差不多。

不懂拒绝，就像"多米诺骨牌效应"一样，会引发一连串的不顺利。"多米诺骨牌效应"又叫"多米诺效应"，是指在一个相互联系的系统中，一个很小的初始能量就有可能引发一系列连锁反应，最终让我们损失惨重。

学会拒绝别人非常重要，因为这个世界上永远存在喜欢占便宜的人。如果我们不会拒绝别人不合理的请求，那我们会被他人占一辈子便宜。不是说每个人都是喜欢占别人便宜的坏人，而是说如果一个人太软弱，没有坚定的主张，他身边的朋友都会慢慢地被宠坏，不自觉地变成占他人便宜而毫无愧疚感的人。

几乎所有人都认为，帮助他人才有力量。实际上，拒绝是一件更有力量的事情。我们在职场上学会拒绝，别人才知道我们的底线，才明白哪些方面可以"欺负你"，哪些方面不可以。

突破怕拒绝别人的困局,需要我们勇敢说"不"。在遇到以下几种情况时,我们要果断地说"不":

1. 拒绝参加浪费时间的聚会

每到节假日,我们总是被迫参加一些没有多大意义的家庭饭局、同学聚会等,大家浪费了大量时间和精力,东家长、西家短地闲扯。碰到喝醉的亲朋好友,还有可能引发"战争"……遇到这些聚会要果断拒绝,如果迫不得已,参加完就立刻回家。

节假日是我们好不容易等来的休息时间,可以利用这些时间做平时没时间做的有意义的事情。

2. 拒绝讨好与我们三观不合的人

如果我们跟对方不是同路人,不管如何讨好、如何卑微地迁就对方,都很难换来对方的认同。说不定对方还会把我们的这种迎合行为看作是小丑的表演,在背地里当笑料讲。与其花费时间做这些没有意义的事情，不如找一些志同道合的人一起聊天或做事。

3. 拒绝超越关系界限的帮忙

我们在生活中经常有这样的体会，越是爱帮助别人，别人对我们的印象就是"好说话"，找我们帮忙的人也就越多。当我们把帮助他人作为一种习惯时，一旦有一次我们由于遗忘或能力所限没有办好，对方就会责备我们，甚至从此对我们没有好印象。这样一来，我们义务帮忙倒为自己"树了敌"。

其实，对于力所能及的帮忙，自然可以全力以赴，一旦超出自己的能力范围，就果断拒绝，否则只能是白白浪费时间，甚至费力不讨好。这种把所有的压力和责任都揽到自己身上的忙，只会成为我们的负累，于人于己都不好。

当然，拒绝也讲求艺术，要用适当的理由真诚地告知对方，这件事情我实在无能为力，要在对方比较容易接受的情况下去拒绝。

4. 拒绝对方，也要给彼此留有余地

不管双方的关系有多好，也不要口无遮拦，尤其是拒绝别人的时候，一定要给彼此留有余地。如果我们没有能力帮助对方，也要把拒绝对方的理由讲清楚，让对方能平静地接受，这样才不会让对方觉得我们太无情而心存芥蒂。

给彼此留有余地，就像两条平行线一样，不管两个人一起走多远，仍然保持着适当的距离，并肩作战，相互照应，却不会因为一些事情产生矛盾、发生争执。

04

注意你的言行,就没有"背叛"你的朋友

俗话说,言多必失。朋友之间相处要讲原则和秩序,一定要注意分寸,如果我们经常说出一些不尊重对方的话,很容易让双方的友谊戛然而止。

一个人心地再善良,如果口不择言,动不动就指责他人,即便是为他人着想,也不会被对方喜欢。

很多人都认为,忠言逆耳,越是亲人和要好的朋友,话说得越狠,也越说明他们是替我们着想,要倍加珍惜。

然而，现实生活中，也有那些自认为是一辈子的好朋友，给我们的伤害却最深。

我表姐是个心直口快的热心人，有时为了帮别人还自己贴钱贴物，因此她有很多知交。

有一次，她的一位好友把她们之间的对话说给她们的另一位共同的好友听，甚至将微信聊天记录截图发给了那位朋友。没想到那位朋友直接"拉黑"了表姐。表姐向我诉苦，说其实她并没有说什么，只是就事论事，说的时候心直口快，没有忌讳，甚至那么说也是为了对方好，没想到那些话很快传到了人家耳朵里。

表姐把她跟她朋友聊天的截图发给我。我看到其中有一句话是这么说的："××这个人，什么事都做不成，再好的事情，只要她一搅和进来，一定会坏事。所以，有些事我不爱跟她说，怕她给我搞砸了。"

这句"表姐风格"的话，看似没有杀伤力，但确实一语道出了那位朋友身上存在的问题。这或许也是她这个朋友最在意的问题，而且被当着她们共同的朋友这么说。这个朋友首先想到的就是，她们在背后嘲笑她，说不定还说了其他涉及她隐私的事情呢。

于是，我向表姐指出，可能是那句话伤害了她的朋友。

表姐无辜地说："我当着她的面也经常这么说她，她也不生气。"

我说："当面说跟背后说是不一样的，尤其是你还跟你们共同的朋友这么说。还有一点，有些话，经别人传来传去，也会变味的。"

表姐长叹一口气，说道："我把她们都当成家人一样相处，平时她们来我家，吃喝就像在自己家一样，我根本没顾忌太多，也想不到跟我聊天的朋友还传话。我跟聊天的这个朋友无话不说，好的跟一个人似的。这件事以后，我也不爱搭理她了，这不是'背叛'我吗？"

与人交往，最要不得的相处方式是：关系好时恨不得把心掏出来给对方，说话更是不加思考，想说谁就说谁，想起什么就说什么。

且不说"隔墙有耳"，当我们把这些不该说的话说出来时，我们给对方留下的印象已经大打折扣了。对方可能会想：他当着我的面把别人说得这么不堪，会不会也在他人面前这么说我呢？

《增广贤文》中说："再三须慎意，第一莫欺心。虎身犹可近，人熟不堪亲。来说是非者，便是是非人。"

这句话告诉我们，需要再三重视的是不要自己欺骗自己。与没见过的老虎还可以亲近，但与很熟悉的人不能够太亲近。四处传播是非的人，便是挑起是非的人。

人与人交往，贵在交心，但人心易变，很多关系的维系，需要我们用心经营。经营一段关系，礼尚往来只是一个方面，更多地需要我们日常多交流、多沟通。

现代社会的社交工具太多了，如电话、微信、QQ等，在我们随时随地跟他人交流的时候，也要提醒自己谨言慎行，如果稍有差池，我们的话就有可能被录音、截图。再加上他人对我们的揣测，都可能让我们因为"话说得不到位"而惹上不必要的灾祸。所以，平时我们在跟他人交谈时要注意以下几点：

1. 不背后议论他人

　　背后议论他人，是很多人的通病。特别是我们跟熟识的家人和朋友在一起时，总喜欢聊一些共同认识的人的八卦、闲话，聊着聊着就忍不住讲一些带有自己主观色彩的话，对他人进行评价。我们可能会以为当时只是随便聊聊，并无坏心。但是，我们知道，当我们以这种方式向家人和朋友议论他人时，家人和朋友也会以我们这样的方式讲给其他人听。这些话传来传去，一旦传到我们谈论的那个朋友的耳朵里，已经不是我们当初表达的意思了，而是经过了层层加工，会像刀子一样给朋友造成难以弥合的伤害。当朋友得知我们是让他受伤害的"元凶"时，自然不会再跟我们像以前那样处关系了。

2. 必须提到第三方时，也要客观地评价

　　俗话说，谁人背后不说人，谁人背后无人说。每个人都会或多或少参与到议论别人的是是非非中去，而每个人也都会被别人在背后议论。有时候，我们能保证自己不议

论他人，但无法保证跟我们说话的对象不议论他人。碰到这种情况时，我们要就事论事。但是，一定要记住，不要人身攻击，也不要随意揣测他人。要力求实事求是，不让对方拿我们的话去做文章；要么笑着巧妙地转移话题，讲一些关于自己的事情，引开话题。

3. 不主动揭露别人的隐私

不顾及别人的感受，不顾及别人保留隐私的心理需要，盲目触及对方不愿提及的话题，不仅会影响彼此之间的交往，别人还会对我们产生不好的印象，下次别人也不会再愿意与我们共事。

人生在世，不如意事十之八九。每个人都有一些不想提起也害怕别人知道的秘密。在跟他人交流时，必须懂得尊重对方的隐私，对方不说，我们就闭口不问、不谈，这既是尊重他人人格的表现，也是在尊重自己。因为即便对方愿意把隐私讲给我们听，我们听后是不是也要"礼尚往来"，搭上自己的一些隐私呢？所以，不冒昧地问别人的隐私，别人才会乐意跟我们交谈和交往。

4. 不要打断对方的话

不打断他人的话，在社交中非常重要。有些人擅于说话，尤其是说到自己的事情时就滔滔不绝、没完没了。碰到这样的人，即使我们不耐烦，也要耐心听完，切记不要打断对方，而是等对方讲完，我们对他讲的话给予总结后，再讲出我们要说的话。

5. 交谈时要注意留意对方的感受和情绪

从小大人就告诉我，要多站在别人的角度思考问题。不管在什么时候，既要考虑自己，也要考虑别人。即便是最亲近的人，我们也应该对对方保持尊重。如果我们不分场合地随便把什么事情都说给别人听，不顾忌别人的感受，别人也会反感我们。

在交谈时，还应留意对方的情绪。例如，当我们谈到一个话题时，发现对方反应强烈，或者有莫名的排斥情绪，有可能是对方这段时间正遇到某种打击，而我们的话恰好触动了对方，导致对方情绪不稳定。这时我们应该及时中

困局管理

断话题,然后避开这个话题,尽量让对方先说话,只要对方主动开口说话,就顺着他的话题讲一些开心的事情。

与他人相处就是这样,多为对方着想,多付出我们的真心,假以时日,当我们遇到烦心事时,对方也会帮助我们。

05

你可以过得好，但不必让所有人知道

　　人际交往中，做有些事情要有所保留。一些人常犯的一个错误就是"好事一次做尽"，以为只要自己全心全意为对方做事，就会使双方的关系融洽、密切。事实并非总是如此，因为一个人不能一味地接受别人的付出，否则心理会感到不平衡。

　　有位作家说："信任是友谊的重要空气，这种空气减少多少，友谊也会相应地消失多少。"

但是，我们的信任要有分寸，不能毫无保留地去相信一个人。

几年前，我在一个论坛上看到一个网友分享的故事：

在上海独自打拼多年的她，终于有能力贷款购买一套70多平方米的房子了，但她没有跟家里的亲戚、朋友和父母讲过这件事。她怕大家为她高昂的房贷发愁。

每年回家的她，在大家眼里是恋爱不顺、事业不顺的大龄"剩女"，是被人同情的"弱势"打工人。春节的大家庭聚会上，亲戚以"催婚"为由，在她面前炫耀：比她小的表妹表弟堂妹堂弟们，有的考入名牌大学，有的嫁入当地的"豪门"……

她每次都装出一副羡慕的表情听着。

同学聚会，她更是大家同情的对象。有的同学打着给她介绍男朋友的幌子提醒她的年纪，有的已婚同学说愿意开着豪车送她回家以显摆他们的优越感，有的同学则请她去郊区的别墅做客来衬托还在"租房"的她的寒酸……

有一年，由于她工作做得好，得到一笔丰厚的年终奖，再加上她这几年省吃俭用存了一大笔积蓄，就提前还完了房贷。她还决定年底把相恋多年的男友带回老家。

当她把这个喜讯第一时间在家族群和同学群里发布时，她并没有收到祝福，这出乎她的意料。两个群在寂静好久后，她的表妹才发了一个大大的"？"。接着她接到了父亲的电话。父亲责问她，上海的房价那么贵，她都能买得起房，为什么她弟弟买房时找她借钱，她才给了两万。

"你弟弟现在还欠着几十万的房款呢，每个月要还好几千元的贷款，压力多大。你这个当姐姐的，怎么就不知道心疼弟弟呢？"父亲质问她。

她一时愣住了。

后来她又陆续接到其他亲戚和同学的电话。有的同学半开玩笑地说她城府深、有心机、会"装穷"。几个亲戚还以给孩子换学区房为由找她借钱。

年底她带着男友回家，亲戚们一改往日热情地"催婚"的劲头，态度变得冷淡起来，言语中满是"火药味"：

"你这个在大城市混的人，还真是不简单啊。"

"你真会'装穷'，你在上海的一套房，顶得上我们好几套房子了，真是有钱人啊。"

困局管理

……………

父母埋怨她给侄子、侄女的压岁钱太少，嫌弃她贴补家里的钱太少……

那个春节，是她多年来过得最心塞的节日。

为什么说伤害我们的通常都是最亲的人？因为我们把这层关系想象的过于美好，却缺乏必要的心理准备，当现实情况不及预期时，我们又显得措手不及、心灰意冷。

换句话说就是，我们设立了一个跟他人完美关系的困局，在这个局里毫无防备地跟自认为的那些无条件信任的亲人、朋友相处，把想象的所有美好强加给这层关系——这些都是我们以为的美好。我们跟他们交情深，过于信任他们，毫无保留地诉说我们比较隐私的事情。我们自以为跟他们心心相印、惺惺相惜，觉得把自己遇到的好事说给他们既是倾诉又是分享。

真实情况是，由于他们太了解我们而愿意与我们深交，又因为太了解我们而不想让我们过得比他们好。正所谓：你可以过得好，但不能比我过得好。

任何时候，不要总想着在自己倒下去后有人拉我们起来，我们唯一能依靠的只有我们自己。所以，看透人性，再与人交往，建立关系就容易多了。

与他人打交道是一门高超的艺术。而生活就像一个大舞台，每个人每天的"表演"都是现场直播，要想与他们和平相处，我们就必须掌握人性的真谛。

每个人做人的底线不同，做事也有差别。有的人从大局出发，把真诚、诚信放在首位；有的人把双方的利益和履行职责放在首位，在这个基础上堂堂正正、胸怀坦荡地与人交往，跟对方互相尊重，以诚相待。

在卡耐基的人际交往思想中，很重要的一点就是要遵循心理交往中的功利原则——这一原则是建立在人的各种需要（包括精神的、物质的内容）的基础上，即人际交往是满足人们需要的活动。

现在的社会，社交能力已经是我们每一个人都要具备的技能，而且我们可以通过社交结识到非常多的朋友，可以获得更多的"资源"和更广泛的人际关系。社交中面对的人群不一样，社交方式也就不一样。但不管我们跟什么样的人交往，都要懂得分寸，这体现了一个人的自身修养。

而良好的修养是获得对方好感的重要因素。所以，与人交往时，要谨记以下原则：

1. 说话留三分，不要过度暴露自己

常言说，话不能说太满，也不能说得太多。在沟通的过程中，我们要看清自己的身份和对方的身份，以及与对方的关系。首先，摆正自己的位置，知道哪些人该亲近，哪些人要远离。把握好这一点，我们就能知道自己在交流的过程中应该说什么。其次，也是最重要的一点，即使是和我们关系再好的人，说话也要留三分，不能过度倾诉自己的隐私，也不能过度暴露自己的优势或劣势。

2. 不必讨好所有人

无论做任何事，我们都无法使每个人都满意。因为每个人都有他自己的感觉，每个人也都有他自己看问题的标准和角度。所以，不要试图让所有的人对我们满意。即便我们拿百分之百的真心对待他们，也不可能获得他们百分

之百的满意。为了取得别人的支持,我们可以尽量迁就别人的要求,但是必须坚持自己的底线,否则你将永远也得不到快乐。

第五部分

情感困局

自古深情留不住，别让"套路"困住你

01

为什么感情中"受伤"的总是你

很多人由于在感情上受过伤,就不会再轻易对别人付出感情,表现出"拒人于千里之外"的冷酷。

事先声明,我这里说的感情,包括亲情、爱情、友情及工作中跟同事、客户等一切关系中投入过的感情。

实际上,他们有心地善良、善解人意的一面,他们的内心也会燃烧起火一样的感情;他们既冷漠如冰,又高不可及,而且从来不轻易表露自己的心迹。只不过我们没有真正读懂他们。

由于双方都是站在各自的角度去想问题，所以，在感情纠纷中，既没有真正的谁对谁错，也没有所谓的双赢，双方都或多或少有这样或那样的问题，也都会受到伤害。

有些人一旦受到伤害，往往会痛不欲生地发出疑问："为什么'受伤'的总是我？"

有个女孩年轻漂亮，三观很正，又很能干，情感之路却很不顺，至少三次恋爱都以失败告终。她经历了屡谈屡败的恋爱，整个人也变了。究其恋爱失败的原因，昔日穷追不舍地追她并痴情地爱过她的男孩们给出了统一的回答：太"玻璃心"了。

原来，女孩眼中的爱情，无关金钱、地位和家世，只是单纯地爱这个人。她心目中的爱情神圣得近乎完美。她每投入一段感情，都会死心塌地、一心一意。她高标准地忠于爱情的同时，也会要求对方以同样的方式忠于他们的爱情。

然而，为了生活和工作，我们每个人都免不了跟他人合作、共事，这就导致我们在信息不对称或不真实的情况下，跟对方出现各种感情纠纷。

这个女孩跟历任男朋友的矛盾，都是从一些小误会开始，然后误会越积越深，最后到了无法化解的地步而分手。但是，她坚信自己眼中的爱情存在，只不过没有遇到合适的人。

虽然感情上"受伤"的人很多，但无论男女，他们受到伤害都有一个相似原因：其中一方或两方太"玻璃心"了。

他们之所以是"玻璃心"，源于自己掉入了一个自设的困局：他们凡事太过较真，过分追求良心。他们在跟对方沟通时，心口如一，说到做到。这是一个优点，但也是个缺点——他们会要求对方也这样对待他们，并且也要跟他们对待对方一样付出全部真心，像他们一样完美得不食人间烟火。

正如世界上没有两片完全相同的树叶，这个世界也没有一模一样的两个人。一旦对方没有达到他们心中的完美标准，太过于较真的他们就会伤心，即使以后选择原谅，也会揪住对方的某次"过失"不放。

谁愿意总是被一次次地揭伤疤？谁愿意总是被贬低？

久而久之，当对方听累了、厌倦了，就会随便找一个借口与恋爱对象分手。相信这些人当初之所以分手，都不是因为他们当时说的这些借口，而是积累的怨气太多无法承受了，冰冻三尺，非一日之寒。而且说这个借口，看起来并不是发自他们的内心，也不一定是真实存在的。

分手的真实目的，有的人以后会跟他人讲，有的人可能会烂在肚子里，但就是不会告诉作为当事人的他们。他们提的这些借口，让对方既无法了解真实的自己，也无法总结恋爱失败的真正根源，总觉得自己没问题。

正因为他们认为自己身上没有那些"莫须有"的缺点，才会"受伤"很重。他们还会发出疑问：明明自己做得已经足够好了，为何还要被曲解、被抛弃、被伤害？

有时候，我们自以为做人问心无愧，待人诚信，做得到位、完美。在跟他人合作、共事时，我们继续用惯有的行事风格去做，得到的只不过是"换了一个人伤害"的结局。

如果一直走不出自己设的困局，它就会变成迷宫，要么让我们成为别人眼中"绝情""不敢交"的人，要么让我们成为感叹人心不古、拒绝跟人真心相交的"孤独""受伤"

的人。

要想不让自己屡次"受伤",就必须破局。而要破这个局,我们先要放下指责,不再怨恨对方,努力去感受自己的内心,和自己的内心对话,让自己真正获得成长的力量。

老祖宗教我们做人要中庸,既不能过于心直口快,也不能太奸猾世故;现代人也讲究做人不能过左,也不能过右。这讲的一点儿也没错。

明白了这个道理,我们就不会为自己设的局所困。

那么,如何走出自我设立的困局,正常地跟他人相处呢?我们可以从以下几个方面来突破:

1. 讲求中庸

孔子曾经说过:"中庸之为德也,甚至矣乎,民鲜久矣。"意思是,中庸是做人的最高品德,可是却很少有人拥有这种品德。圣人说的中庸,不是指平庸、碌碌无为、消极待人,而是用一种恰到好处的水准待人接物,不能太过热情,也不能太过冷淡,最好用一种双方都能接受的处世方式,适可而止。

宋朝的程伊川说:"不偏于一边的叫作中,永远不变的叫作庸。中是天下的正道。庸是天下的定理。"中庸就是合乎规律,符合规律也就是符合"道"。从哲学上讲,中庸就是做人做事的"度"。

中庸好比铜钱,外圆内方,外表圆滑,但内里刚正,圆滑能保证自己活得潇洒,刚正则能保证不迷失自己。

萧伯纳说,人生有两大悲剧,一是万念俱灰,二是踌躇满志。中庸做人,我们既不会一味地悲观,也不会盲目乐观,而是从容地面对生活。对不如意之事可以一笑置之,亦可以不计较得失、荣辱。

2. 在不伤害他人的前提下趋利避害

两千多年前,"谋圣"鬼谷子在其捭阖之术中指出,趋利避害是人的天性,人们见利要"阖而取之",见害要"捭而出之"。对我们来说,利与害的重要性在是非对错之上,即便分对错,也要先看利弊。

我们了解了真正的人性，也就能了解真实的自己，并理解曾经"伤害"过我们的那些人——我们可以选择不原谅，但是要学会放下。知晓了人性，再跟人相处时就能掌握好分寸。

虽然无法用"善"和"恶"来简单地定义人性，但人性一定是趋利避害的。但是，任何人的趋利避害，都应该是以不伤害别人为前提。

3. 与人交心，要有所保留

茫茫人海，能够相遇相知是一种缘分。据说，每个人一生大概会遇到2920万个人，但这么多人中，相知的概率不足一百万分之五。其中，会打招呼的大概有39000个人，能够真正熟悉的只有约3619个人，会亲近的仅有约270个人，真正懂我们、爱我们的不超过10个人，能留在身边的更是少之又少。

这些人包括无私地爱我们的家人、相濡以沫的爱人、一见如故的同学或朋友、并肩合作共事的同事或客户等，他们都是我们生活和工作中重要的人。面对这些我们生命中重要的人，我们只有回馈给他们同样的爱，才能跟他们交心，与他们互帮互助。但是，无论出于什么原因，我们的爱还是要有所保留，最忌讳在对方面前成为"透明人"，也别要求对方毫无保留地爱我们。给彼此一个爱的空间，才是真正的爱。

4. 既然爱了，就要接纳所有的结局

世间所有的相遇，都是久别重逢。这句话不仅适用于爱情，也适用于亲情和友情。爱是一种奇妙的缘分。我们能跟对方相遇、相知和相处，都是因为跟对方有缘。既然有缘在一起做事，就要付出真心和耐心，在共事过程中做到"尽人事听天命"。在我们可以自由选择的范围里，在自己的能力范围内，要竭尽所能、全力以赴做到最好。当我们把自己该做的、能做的都做了，至于结果如何，真的不是自己预测、掌控的事情。所以，要淡然一点，让一切顺其自然，无怨无悔地接纳所有的结局。

02

好男人为什么无好妻

　　婚姻，是人们津津乐道又无法释怀的一件事。在我们惯有的思维中，总认为"好汉无好妻，赖汉娶花枝"，觉得大街上那些高大帅气、彬彬有礼的男人身边，跟着的那位像是他妻子的长相一般的女人，跟他是如此不般配。

　　邻居家的儿子酷似国内某男星，人也聪明懂事，从上小学到大学，学习成绩大多数时候都是全班前五名。他爱好运动，在学校举办的运动会上多次获得过短跑冠军，书法、唱歌也在一些竞赛中多次获过奖。更令人惊叹的是，他还有一手好厨艺。

大学毕业后，他成功签约一家外企，薪资十分可观。在大家眼里，这样一个近乎完美的好男孩，真不知道什么样的女孩才能配得上他。

三年后，这个男孩结婚了。他的妻子相貌普通、性格暴躁，还比他大5岁。

他们的恋爱曾经历了不少波折，邻居夫妇极力反对，各种方法都用过，甚至提出过跟儿子断绝关系，但都不管用，最后只能妥协。

当断绝关系这样的威胁也无济于事时，只能说明男孩跟女孩是真的相爱。

很多人看到他们的第一感觉是不般配，但他的妻子待人接物很有分寸，对双方的父母也十分孝顺。公婆由当初的反对，到后来完全认可了她。

婚后不久，他的事业受挫，每天郁郁寡欢。不久他辞职了。原本有工作的妻子也辞掉工作，跟他一起做起了小买卖，生意做得还算有声有色。妻子有时会在店里吼他，他也不生气，嘻嘻哈哈地逗妻子开心。孩子出生后，他又化身为"奶爸"，一家人过得有滋有味。

有时候，人们会问，他如此优秀，为什么当初选择这样一个女人为妻，而且甘愿放弃美好的事业，感叹"好男无好妻"。

男孩给出了答案："当年追我的女孩中，就她比较执着。我们能走到最后，也是由于她的坚持。一个女人能这么不离不弃地陪伴我，我很感动。婚后家务全是她做，后来我没了工作，她就跟我一起做生意。虽然她性格不怎么好，我们也会有小吵闹，但没有十全十美的人，我这么平凡，能娶到这么真心待我的女孩，已经不错了。"

其实，仔细分析男孩的一席话，他能接受这桩婚姻，原因如下：

第一，女孩是唯一一个执着地追他的人。这一点说明女孩性格中具有坚强的一面，也真心喜欢男孩。

第二，女孩在没有任何优势的情况下，能跟心仪的男孩走进婚姻，这个过程充满了阻力和艰辛，也正是在解决层层困扰的过程中，男孩发现了女孩身上的闪光之处，那就是女孩的自信。

第三，女孩暴露了其暴躁的性格，证明她是一个真实的人。在和男孩相处的过程中，她既展示了坚强的一面，也表现出了性格上的瑕疵，这也是双方婚后磨合过程中经常吵架的原因。

第四，最关键的是当男孩事业处于低谷时，女孩没有埋怨和嫌弃，更没有骂他窝囊，而是收敛昔日的暴脾气，给予他帮助和支持。这对于一个男人来说，是最能俘获他的心的因素。再美丽的皮囊，如果在爱人落难时冷嘲热讽，也会变得丑陋不堪。

综上所述，可以看出，真正的好男人是被动型的，需要一个性格坚强、意志坚定、内心强大的女人来成全。这个女人可以不漂亮、不温柔，但必须有主见，真正爱对方。因为有主见而执着地追求对方，因为真爱对方而有一颗包容的心。

同样，所谓好妻子，其实与相貌并无太大关系，与性格、人品关系更大。这个世界上，好男人身边不缺美丽温柔、心地善良的女人，缺的是有主见、内心强大、性格坚强、心地善良的女人。虽然她们可能外表普通得不能再普通，脾气也可能不好，但都不嫌贫爱富，不追求物质，她们爱的就是丈夫这个人，不因丈夫的落魄和家世而选择离开。她们亦柔亦刚，一边收起昔日的锋芒，暖心地陪伴在丈夫身边，一边出谋划策帮助丈夫东山再起。

正是源于妻子这些内在的品质，在外人看来不般配的夫妻，却能够相互扶持，携手到老。他们"愿无岁月可回首，且以深情共余生"的爱情，羡煞旁人。

所以，这个世界上几乎不存在"好汉无好妻"的情况，因为人家过的是自己的日子，在外人眼里的"美"，只是外人眼里的标准。

那些好男人之所以能够与"坏妻子"相伴一生，要么是被"坏妻子"同化而不再是好男人，要么"坏妻子"的坏只是外人看到的表面现象。

相信人们都追求美好，没有哪个人愿意守着折磨自己的人过一生。正所谓道不同不相为谋；不是一家人不进一家门，能进一家门的，就真的是一家人。

有人说，家是讲爱和情的地方。美好的婚姻需要感情作基础，好男人需要女人的爱，同样，女人也需要得到好男人的爱作为回应。能够给予女人爱的回应，才是真正的好男人。婚姻必须是男女双方去好好经营，这样的男人才能被称为好男人，女人也才能留住这样的好男人。

由于每个人心中对好男人的标准都不一样，所以，无法给予好男人一个标准的定义。我通过咨询周围朋友的观点和网上查阅相关资料，得出好男人具有以下特点：

1. 责任心强

责任心强，可以说是好男人最基本的担当。对家庭、工作、国家、社会及自己做的每一件事负有责任，是他们具备的美德。这样的男人不轻易向人承诺，一旦承诺了，就是言出必行。由于责任在身，他们把大部分时间用于赚钱养家、辛苦打拼。所以，他们一般不会做出对不起妻子或家人的事情。

2. 宽容大度

宽容大度，是好男人严以律己修炼出来的美德。他们不会跟周围的人斤斤计较，对妻子体贴、关心、呵护；他们可能不懂浪漫，但会包容妻子的唠叨。不是说他们永远不会发脾气，而是说他们很会控制自己的情绪，对待身边的人非常温和，而且通常不会因为一些事情迁怒别人。他们遇到问题的时候，不会一味地抱怨，而是平和地沟通。他们会用温暖长情的爱给妻子提供安全踏实的港湾。

3. 正直善良

虽然对好人品的定义有些宽泛，但是作为丈夫，他们首先表现在忠于妻子和家庭，会和其他女人保持一定的距离，不会让妻子有太多的不适或危机感。他们对周围的每一个人也会给予应有的尊重，并保持平和的态度。人品不是表面上的直观表现，而是一种刻在骨子里的习惯。男人的这种正直善良，妻子能看得到，但她不一定说出来。如果我们看到一个女人婚后多年依然温柔美丽、热情有礼、善良温婉，那么，通常是她背后站着一个爱她、宠她的好丈夫。

4. 心态积极阳光

他们面对困难的时候也会觉得心有余而力不足，也会有情绪低落的时候，但是会给自己一定的时间让自己恢复过来，尽量不会让这些情绪影响到身边的人。

5. 有担当，有主见

好男人一定要有自己的主见，这是非常重要的一点，尤其是结婚之后。如果一个男人没有自己的主见，他在结婚后就会给女人带来很多麻烦，尤其是在处理婆媳关系上，很多夫妻都是因为这个原因分开的。

6. 能给予妻子足够的尊重

真正的爱是需要尊重的。爱一个人，就要懂得尊重他。

困局管理

尊重表现在给予对方空间，尊重对方的选择，不控制、不占有对方。好男人都会尊重妻子。这会让女人觉得自己在对方眼里非常重要。

03

"渣男"的魅力在哪里

不知道从什么时候开始,"渣男"这个词已经成为网络热词了。所谓"渣男",最典型的表现就是花心。花言巧语、见一个爱一个、始乱终弃,对谁都不真心等,是其明显的特征。由于善于伪装,他们会表现得很专情,但骗人没商量,吹牛没有边,勾引女孩的"专业精神"独树一帜,讨好别人有一套,深情起来"前无古人后无来者",无情起来"瞬间从人间蒸发",没有最渣,只有更渣。

最高境界的"渣男",是时间管理大师,是无人能及的"海王"。

最高段位的"渣男"是骗财又骗色,这样的"渣男"在现实生活中屡见不鲜,大家多留意身边的人或者在网上搜索都能发现。

例如,有一个男人在年老生病之时,拖着病体回到老家寻亲。他三十多岁的时候,因贪恋外面的世界,不顾所有人的反对,抛弃了妻子,也不顾及年幼的儿女,离家出走寻找真爱。

在外打工期间,他认识了一个红颜知己,这个女人让他重新找回了充满激情的自己。于是,他再次做出选择,想跟妻子离婚,娶红颜知己。

尽管离婚充满阻力,他仍然一意孤行。三年后,他离婚了,但是红颜知己却没有跟他携手进入他渴望的婚姻殿堂,而是偷偷地离家出走,一去不复返。

他在沉沦了一段时间后,继续寻找他想象中的真爱。可是事与愿违,他遇到的都是露水情缘,没有一个女人愿意像他的妻子那样,真心真意地跟他过一辈子。在把他身

第五部分 情感困局
自古深情留不住，别让"套路"困住你

上仅有的钱花完后，她们离开了他。

不甘心的他就这样在不同的女人之间虚度生活。直到他生病后不能出去工作，而且没钱看病，只得拖着病体重返老家。但是，当初他嫌弃的妻子和已经成家立业的儿女都视他为陌生人，说什么也不与他和好。

他找来亲戚、村干部、邻居帮他求情。由于他很多年不回来，大家都没有真心帮助他的意思，而是和他的家人一起指责他。

万般无奈下，他求助电视节目组帮助他认亲。在节目组的努力和周旋下，他才得以与家人坐下来沟通。可是除了相互指责外，他们的关系没有得到丝毫缓和。

最后，村委会帮他找到一间房子暂住。

网友对这个节目的评论一片叫好，都说这是"渣男"应有的报应。很多人感慨：为什么"渣男"身边不缺女人？是不是现在很多女人都喜欢被骗，喜欢听甜言蜜语？

的确，好话人人爱听，不仅仅是恋爱中的女人，即使是历史上那些皇帝，不也是相信了口蜜腹剑的弄臣，导致错杀忠臣，差点弄丢了江山。

每个女人最初都是怀着对爱情美好的憧憬爱上一个男人的,只不过"渣男"套路多、损招多,才会让她们误入感情的歧途。

其实,世上本无"渣男",只不过是女人过于大意,在情感的"空窗期",跳入自我设置的"情感困局"。在她们最需要异性安慰的时候,他出现了。在她们心理最脆弱的时候,他的几句关心的问候,就像"救命稻草"一样,让她们毫无防备。

她们会在心里将他的形象塑造成她们理想中的样子,他的一言一行,都是那么合她们的意,仿佛这个人就是她们梦中的白马王子。她们没有任何理由地爱上了他,即便他平淡无奇、一贫如洗,她们也只是单纯地爱他这个人……与其说是他爱她们,不如说是她们"塑造"了一个虚假的"他"来爱自己。

请相信"世上没有无缘无故的爱"这句话,亲人之间的爱尚且也有让人迷糊的时候。没有血缘关系的一个男人,于芸芸众生中选择对我们好,这可能是真爱。但一个"渣男"对我们好,更多的是因为我们身上有他需要的价值,他才会走入我们的世界。

俗话说，知己知彼，方能百战百胜。爱情中没有绝对的胜负，但起码要懂得保护自己。作为女人，既要练就一双慧眼，又要敢于忍痛割爱，更要懂得及时止损。当女人学会了自我保护，遇到"渣男"的概率就会低很多了。具体来说，我们要做到以下几点：

1. 见"色"动情前，少一些主观的幻想

爱美之心，人皆有之。好色并非男人的专利，女人也好色。特别是看到外表帅气的男人，女人在不了解对方的情况下，就浮想联翩，起了爱慕之心。如果对方想骗我们的感情，他在我们面前稍微"演一演"，把自己包装成"大众情人"型的"完美男"，我们就很难招架。

碰到这种情况，我们要保持清醒的头脑，并多方面去了解他。例如，他说的跟做的是否一致，他是否向我们提及他的工作，必要时去他的单位看看；平时聊天中，可以主动提出见他的朋友，想办法融入他的生活。多跟他相处，从各个方面认识一个真实的他，而不是只听他说。

在这里需要郑重提醒的是，谈什么也不要谈借钱（不要借他的钱，也不要借钱给他），还要洁身自爱（不要轻易跟对方有实质性的亲密接触）。

2. 别轻易涉及钱财

现在互联网上的一些骗子会打着谈恋爱的名义骗财骗色。因为互联网是虚拟的环境，在上面说一些话不用负太大的责任，骗子们怎么能哄我们开心就怎么说，也不排除高明的"渣男"用情深处也会真情地说些发自内心的情话。

要记住，真正付出真心的男人不一定会说甜言蜜语，但想骗我们的"渣男"一定是各种好话说尽。那些打着为我们好、为我们俩未来的美好生活着想，对我们早晚问安，把我们当成皇后、贵妃式的"渣男"，不管他们话说得多么好听，表现得有多么专情，都不要轻易相信。永远记住：一旦开始涉及钱财，就很有可能是骗局。不管对方用什么方式、什么理由、什么借口，只要提出让我们给他转款,即便双方见过面甚至我们对他感觉还好,都要果断拒绝。

3. 识别以爱为名的"甜言蜜语"背后的陷阱

"渣男"之所以被称为"渣男",是因为他们擅长以爱为名说一些令我们无法抵抗的"甜言蜜语"。这些话从他们嘴里说出来,是那么的合情合理。他们在感动我们的时候,也感动着其他女人。

我曾经在网上看到过一则新闻:一个男人为了讨好上小学时的女同学,还联同父母一起骗她。他怕话多的母亲说漏了嘴,每次带女同学回家时,就让母亲躲出去。他用独创的"恋爱话术"赢得了女同学的欢心,并以想创业的名义骗了女同学数百万元。同时,他却背着女同学,跟另一个女人领证结婚。

直到他被抓时,他的女同学和老婆还不相信这是真事,足见其"甜言蜜语"已深入人心。

"渣男"跟女人约会,从见面准备的礼物,选择气氛温馨的餐厅，到聊的话题，处处都是满足女人对于恋爱本身的预期。除此以外，"渣男"往往很有神秘感，这一点更容易让女人沉迷。老实的男人之所以不懂浪漫，不会甜言蜜语地哄女人，是因为他们太过真实，做不到就不会说。正如真实健康的东西往往没有虚幻的东西好看，但经济实惠。

4. 不要抱有"赌徒心理"

很多女人在跟对方交往一段时间后，不用别人说，已经知道对方是"渣男"了，但还是舍不得离开。不是因为"渣男"段位高，而是这些女人的赌徒心理太盛，觉得自己在这段感情中投入太多，再换一个男友，也不一定比这个好，万一再遇人不淑，一样是受伤害，不如豁出去赌一次，万一感化或征服对方，自己也算是苦尽甘来。

正是有这种赌徒心理，让身陷其中的这些女人不能及时止损。所以，女人千万不要有这种侥幸心理，特别是在感情问题上，即便我们用生命作代价，也无法唤回想要抛弃我们的"渣男"。他们好比装睡的人，我们怎么叫也无济于事。这个时候，明智的做法是果断抽离，走出"渣男"的世界，"人挪活"这三个字，适用于任何时候。

04

失恋后为什么走不出去

我理解的失恋，通常是自己被抛弃。因为我们还想把对方当作恋人相处，还想跟对方保持着恋人关系，但对方却认为跟我们不合适，决意要分手。

也就是说，爱情中的两个人一个想要挽留，一个想要逃开。

诗人张若虚说："你若无心我便休。"意思是，你若是没有心，我便离开。即使再爱对方，都不要去挽留一个心已经离开我们的人。

所有的相遇都让人猝不及防，所有的离别都是蓄谋已久。对方之所以突然对我们说分手，并不是突然想这么做，而是内心经过无数次演练，只是为了让我们接受他离去的事实。

曾经相爱的人，如此"处心积虑"地想要离开痴痴迷恋他的我们，为何不体面地答应呢？这样还能让我们的爱保留最后的尊严。

很多时候，我们明知道自己离开对方是正确的选择，却还要陷入其中无法自拔；明知道跟对方在一起并不快乐，却还想要赖在彼此的情感里受虐……

之所以造成这种局面，通常是因为我们不了解自己，更是因为缺乏对健康的两性感情的正确认知。我们一直错误地以为，爱一个人，就是毫无保留地包容对方的一切缺点。在爱情中，我们处处为对方着想，对方的喜好、对方的烦恼、对方所有的一切，都要无偿地帮着满足和解决，想尽一切办法讨对方欢心。

因为爱对方而爱其家人、朋友和周围的人，唯独忘记了爱自己。谁都知道，爱情中，那个付出最多的人，通常输得最惨。

虽然感情不能以输赢来定论，但是，当爱情到了尽头，最痛苦的往往是付出最多的人。

爱情是两个人的事情，但结束爱情，一个人就可以做到。

有位而立之年的朋友暗恋一个女孩好多年，当他鼓起勇气向对方表白时，发现对方跟他一样，也喜欢他。

按理说这样的爱情堪称完美。互相喜欢的他们在错过好多年后才成功牵手，应该珍惜，理所应当进入婚姻殿堂，不留遗憾地过一生。

然而事与愿违，他们在一起不到两年，就分分合合很多次。最终女孩归还了他送给她的所有礼物，单方面宣布分手，消失在了他的世界里。

他实在接受不了失恋的打击，有好几天，他把自己关进房间里不见任何人。事后他对我们说，他恐怕以后不会再爱上其他女孩子了。他断定女孩移情别恋了。女孩的离开，把他的心也带走了。

看着他失魂落魄的样子，作为朋友的我背着他，联系了那个女孩。这才知道，女孩实在无法忍受他的爱，这样的爱让女孩失去了自由。

女孩平时无意中说的每句话，他都要记下来；她想吃什么、想买什么、要见什么人、每天跟谁有过接触等，他都要事无巨细地过问。

"我跟家里打电话时间长了，他怀疑家里在给我介绍男朋友；我有时加班，他会跑到公司监督我；我跟闺密出门逛街，他每隔几分钟就发微信查岗；我穿什么衣服，都由他来决定……我没有爱上别人，现在依然爱他，天天想他，以后也不会像爱他那样爱上别人，可是我担心继续和他在一起会疯掉。"女孩哭了起来，"如果他能改改多好，不要让我们都这么累。"

我试图把女孩的意图传达给他。可是，每次他都会愤慨地指责女孩没良心，太狠心，他错付了一片爱心，他爱她，更恨她。

"她以后再也找不到像我这么爱她的人了。等着看吧，别看她现在跟他人爱得死去活来，有她后悔的时候。"他说着眼圈红了。

任凭我说什么,他不再接话。他固执地认为,他的失恋是因为女孩移情别恋了。他不明白,他对她那么好,她为什么还抛弃他,这让他以后还怎么相信其他女孩。他就这样困在自己设的局里走不出来,也不想走出来。

失恋后的男女,陷入的困局就像一座迷宫,怎么都难以走出来。但是看似是迷宫式的困局,也是他自己设的。

解铃还须系铃人。走出自我设的困局,还得靠自己。

走不出失恋的阴影,并不是失恋本身有多么痛苦,而是我们不甘心,我们已经习惯了对方的存在及过往的一些美好的回忆。

有人说,欣赏一个人始于颜值,敬于才华,合于性格,久于善良,终于人品。这几十个字诠释了异性相吸的真相。这里说的人品,还包括对彼此的尊重。爱情是美好的,爱对方就要给予对方尊重和自由,而不是让对方感到窒息。

其实,失恋并非都是坏事。如果我的朋友能够从这段失恋中意识到自己的爱有问题并加以改正,那么他的再次恋爱就会有质的提升。

我曾经看到过这样一段话:一生只谈一次恋爱的人是

幸福的，就像一个从没吃过苹果的人，吃了一个不知道味道究竟有多好的苹果；一生谈了很多次恋爱的人也是幸福的，就像是吃过了很多种苹果的人，终于知道了哪一种苹果最适合自己的口味；一生从没失恋过的人是幸福的，就像是走在布满荆棘的路上，却一次也没有被刺伤过；一生失恋过很多次的人也是幸福的，就像是从荆棘丛中走过弄得伤痕累累之后，终于发现了走出荆棘丛的道路。

所以，不要害怕失恋，重要的是如何通过这一次失恋，走出"失恋困局"，遇到成长中真实的自己。

那么，那些陷入"失恋困局"的人，该如何破局呢？可以尝试从以下几个方面来做：

1. 放弃"不甘心"的心理

一般情况下，大部分失恋是自己被对方抛弃，或者因为自己的原因被迫分手，而自己不想结束这段关系。由于是被动的，就会不甘心。这时候自己要好好想想，如果两个人再走到一起，是否还会像以前那样互相折磨？导致双方感情变淡的一次次争吵，能否合力避免？如果答案是否定的，就接受失恋的事实，开始新的生活。

2. 拒绝"一厢情愿"式的恋爱

有时候看起来是两个人在谈恋爱，其实是我们在跟理想、臆测、幻想中的对方恋爱。即便对方犯的错误已经超出了我们的底线，却仍然在生气后一味地为对方找各种理由开脱。

整个恋爱过程中，总是我们在主动付出，却得不到对方的回应。当对方习惯了我们的付出，就会肆无忌惮地挑战我们的底线。对方可能永远不知道我们的内心有多煎熬，因为这段感情只是我们的一厢情愿。但爱情是相互的，需要双方共同付出，这样感情才会长久。只有一个人付出感情，就无法维系两个人的爱情。所以，与其一厢情愿地为对方做一些徒劳的事情，百般讨好一张冷漠的脸，不如早点放手，成全他人也是成全自己。

两情相悦才叫爱情，一厢情愿换来的只是一个人的悲情。永远记住一句话：不要无缘无故地对一个人好。

3. 杜绝"自我感动"式的付出

人们常说，喝酒不要超过六分醉，吃饭不要超过七分饱，爱人不超过八分情。可很多人还是忍不住喝醉、吃撑、没有自尊地爱对方。这么做的结果是吐一身酒，长一堆肉，被对方抛弃。这种做法对人对己都是不负责任。

"自我感动"式付出，就像一个人在唱独角戏，一厢情愿地幻想着自己是"完美的爱人"，完美地呵护着对方，全方位地照顾着对方，付出到无能为力，卑微到感动自己，伟大到不需要对方的回应。

然而，喜欢是放肆，爱是克制。真正爱一个人，是懂他，尊重他，是站在对方角度去感受他，而不是把自己的想法强加在对方身上，让对方没有存在感。适度的爱，是建立在相互尊重、相互理解的基础上。当我们不断地用付出全部身心的方式来讨好和附和对方时，只会让对方觉得自己是一个什么也不会做的废人。在我们这里，对方会觉得自己没有任何价值,然后想办法离开我们,到他人那里体现自己作为爱人的价值感。

4. 不要把依赖对方当成一种习惯

两个人相处久了,彼此就会有依赖,把爱情当成一种习惯——我们习惯了生活中有对方,对方也习惯了生活中有我们。可是,健康的爱情是既亲密又独立的。特别是在恋爱过程中,由于两个人是独立的生命个体,都有自己的亲朋好友,有自己的工作和事情要做,有属于自己的交际圈,所以,即便很爱对方,也要为彼此留出空间。这个空间,会为双方的爱情减压。

如果我们把依赖对方当成一种习惯,就会希望两个人每时每刻都在一起。长此以往,会让两个人都感到压抑、没有自由,让生活变得索然无味、了无生机。没有多少人能受得了这样的生活气氛。当一个人的压抑达到极限时,就会想逃离。所以,健康的爱情,必须是独立的。这就需要给对方充足的时间和空间,不要过度依赖对方,让对方有精力和激情处理自己的事情。

经得起流年岁月冲刷的感情，都是细水长流。双方可以亲密无间，也可以有各自独立的空间，当对方去做其他事情的时候，我们也有自己感兴趣的事情要做。

5. 即使再爱，也不能迷失自己

有人形容，有情能使饮水饱。这主要是指，若两个人真心相爱，即便喝白开水也感到满足。彼此相爱是世界上最珍贵美好的事情，是可遇不可求的。然而，再相爱的两个人，相伴一生的日子中也会有争吵、埋怨，甚至多次有过想分手的念头。所以，经营一段美好感情的秘诀是，不管我们跟对方多么相爱，都不能在爱情中迷失自己，把自己未来的一切交付给对方，让自己的世界里容不下其他人。

任何美好的情感，都是独立自由的。两个人相爱，前提是具有爱的能力。拥有爱的能力的人，都懂得爱自己，能了解真实的自己，知道自己身上的优点和缺点，懂得如何在跟爱人相处时适当地克制自己的缺点。

困局管理

　　正因为知道自己不是"完人",我们才不会想着拥有完美的爱人,我们也才会包容爱人的缺点,欣赏爱人的闪光之处,可以跟爱人亲密无间,也可以给自己和爱人独立的空间,让彼此有机会享受自由的时光。

05
没有力量改变对方时,就改变自己

在婚姻或恋爱中,最令人不解的是,明明两个人在一起不幸福,每天不是吵架就是打"冷战",却偏偏不分开。他们强行在一起的理由无非是以下几种:

"为了孩子,我不能离婚啊。"

"他其他方面都不错,就是脾气暴,一喝酒就打我,过后还向我道歉。"

"两口子哪里有不吵架的?锅沿还跟勺子碰呢。"

"她就是花钱喜欢大手大脚,家里的钱差不多都被她败光了。其他方面挺好的,照顾孩子和老人,收拾家务。看在这个情分上,我原谅了她。"

"他在外面的花边新闻,我懒得管。每月他给我和孩子的钱也不少。不管怎样,我跟他是合法的。我就不离婚,耗着他。"

……………

以上这些"听起来没毛病"的理由和借口,让很多人困在感情的局中相互折磨,有时候还会让无辜的孩子受牵连。

作为局外人,我们可能没有亲身经历过,也难以感同身受,无法对类似的事件加以评说,尤其是不能对谁对谁错妄加评论。

但是,作为旁观者的我们,如果用客观的眼光看待这些事情,就会发现,其实他们之所以无法释怀,就是无法跳出自设的困局。

在他们看来,造成他们和家人不幸的根源,是对方不齿的行为。他们跟对方较劲,企图用自己力所能及的方式改变对方，让对方按照他们认为的正确做法生活……他们的出发点是对的，要求也是合理的，可是他们忘了，每个人都有各自的性格和行为习惯，如果他们自己不想改变，任何人都无法帮他们改变。

人性就是这样，越是不能改变对方，越是想要改变对方。我们有时候想当然地认为，我们人生所有的幸福，全都掌握在对方手里，只要对方改变，我们的生活就会幸福。对方不改变，我们就是永无出头之日。

人一旦被困在这样的局里，就走进了死胡同，前面已经无路可走。

在这个世界上，虽然任何问题都没有标准答案，但一定有其解决的方法。困在局里的我们，唯有自我解救。

当我们没有力量改变对方时，请改变自己。改变自己很难，但是只要我们做到了，将会拥有强大的力量。当我们强大的时候，别人可能会为了迁就我们而做出改变。

我有一个发小，他四五岁的时候，母亲去世，再婚的父亲把他扔给爷爷奶奶抚养。上学之前的他，年幼无知，爷爷奶奶又待他很好，他尚未感觉自己跟别人有什么不同。

直到上小学后，同学们习惯性地在他面前提到他的爸爸或妈妈，此时他才对父爱和母爱有了强烈的渴望。放学后，他多次偷偷地来到父亲再婚的家。父亲住在大院里。他踮起脚尖，趴在窗户上，用一双饥渴的眼睛贪婪地盯着父亲。那时父亲抱着他同父异母的妹妹，慈善地逗着妹妹玩。

有大院里的邻居回来，他就赶紧匆匆忙忙地回到爷爷家。

可能是邻居把他"偷窥"的事告诉了他的父亲。父亲和继母跑到爷爷家找他"兴师问罪"，警告他不要再去了。

有亲戚和邻居逗他，说他之所以不讨父亲喜欢，是因为继母给他生了小妹妹。为此他非常憎恨继母和小妹妹，觉得是她们的出现，才让父亲讨厌自己。

他不敢再去父亲那里，心里满是对继母和妹妹的怨恨。有时父亲带着妹妹来看爷爷奶奶，他就躲在自己的房间里不出来。妹妹却和他很亲，蹒跚着来到他房间，嘴里含糊不清地叫着他"哥哥"。他会趁大人不注意，狠狠地推妹妹一把，并威胁："不许哭，哭就打你。"妹妹吓得不敢说话。

有一次，他用仇恨的眼神盯着又来他房间的妹妹，小

第五部分 情感困局
自古深情留不住，别让"套路"困住你

声地警告道："不要再来烦我了，你夺走了我的爸爸，我讨厌你。"说完，他冲妹妹晃晃拳头。

奶奶恰好看到了这一幕。等爸爸带着妹妹离开后，奶奶问他："妹妹是不是惹你生气了？"他低头没有答话。

奶奶又问："你是不是觉得爸爸是因为有了妹妹才不喜欢你的？"他点点头。奶奶笑了，说："傻孩子，你是爸爸的儿子，他能不喜欢你吗？你隔几天就能吃到爱吃的点心，都是爸爸买的。有时他工作忙不能送来，会打电话让爷爷去买。你每月的生活费，爸爸会另外多给一些，好给你买零食。爸爸之所以每次都带妹妹来看你，都是因为妹妹想你了。"

听了奶奶的话，他心里很难过，有点不相信地说："爸爸和妹妹才不会爱我呢。"

"爸爸和妹妹为什么不能爱你？你听话、懂事，想他们了就偷偷跑去看看。爸爸他们担心你一个人去他们那里不安全，才不让你去。这也是他们经常回来看你的原因。"奶奶说，"还有，不管爸爸爱不爱你，跟你阿姨和妹妹没有任何关系。他爱你，谁也拦不住。你要做的是好好爱自己，

困局管理

快快乐乐地长大,让自己值得别人爱。"

那时候虽然他对奶奶的话似懂非懂,但是有一点他听明白了,就是别人剥夺不了我们对自己的爱。

做一个值得别人爱的人,首先要学会自己爱自己。后来,发小在学业和工作上都很顺利,跟父亲、继母和妹妹的关系一直很好。为了方便父亲看护爷爷奶奶,他特意在爷爷奶奶居住的小区给父亲和继母买了一套大房子。

由于我们常常习惯性地把责任归咎于他人,才让我们在"情感困局"中不能自拔。若想跳出"情感困局",我们先要破自己这个局。

1. 为彼此设一个界限

任何长久的感情,都源于长久的界限。在这个界限之内,我们有了问题要想办法解决,有了困扰要想办法排解,有了矛盾也要想办法化解。在解决问题和矛盾的过程中,我们会对彼此有更深的了解。问题和矛盾解决后,我们会惊喜地发现,原来彼此这么优秀,双方的感情也会得到升华。

2. 感情再深也要有底线

之所以出现感情问题，很大一部分原因是一方无底线地包容另一方，导致另一方变本加厉。特别是在婚姻或亲子关系中，若其中一方一错再错，而另一方一忍再忍，就会给犯错的一方一种错觉，认为自己都这样做了，对方也能原谅，那么，接下来自己再犯类似的错误时就无所顾忌了。直到有一天，他犯的错误成为"压倒我们的最后一根稻草"时，就会引发极端的事情。

3. 当一段感情危及自身安全时要果断抽离

即便感情再亲密，一旦对方的行为超出了我们的忍受范围，让我们深受其害时，我们就必须想尽一切办法离开对方。即使是暂时分开，也好过彼此失去理智地相互折磨。

4. 感情的路走不通时请转移注意力

当我们被某些感情困扰得理不出头绪时，就不要再理了。因为生活不只有感情这点事，我们还有工作和事业。没事就想想如何通过劳动和智慧过上幸福的生活吧。与其在感情的世界里"伤春悲秋"，不如转移注意力做点实现自我价值的事情。把命运掌握在自己手里，永远要比患得患失、胡思乱想吓唬自己更让我们踏实。